棠树文丛

法律语言翻译的文化指向

马　莉◎著

上海人民出版社

棠树文丛和理因文丛编委会

促进法学研究　追求学理本义

——棠树文丛和理因文丛总序

科学研究是高校非常重要的一项功能，也是一所大学综合实力、核心竞争力的主要指标。开展学术活动、产出学术成果、培养学术人才是高校完成人才培养、科学研究、社会服务等使命的主要手段。大学之所以成为大学，学术的兴盛正是主要的标志之一，只有学术水平提高了，才能更好地完成培养人才和服务社会的目标。

党的十八大以来，以习近平同志为核心的党中央高度重视哲学社会科学工作，从改革发展稳定、治党治国治军的高度，肯定了哲学社会科学的重要意义。习近平总书记在2016年5月17日召开的“哲学社会科学工作座谈会”上指出，“要加大科研投入，提高经费使用效率。要建立科学权威、公开透明的哲学社会科学成果评价体系，建立优秀成果推介制度，把优秀研究成果真正评出来、推广开”，为新时期哲学社会科学的发展指明了方向。学术专著是广大教师平时研究成果呕心沥血的精心积累，它的出版则是优秀研究成果推广的重要手段和高端平台。做好学术著作的组织出版能够提高教师科研活动的积极性，弘扬优秀学术，开拓创新，也能为学校的科研事业作出应有的贡献。

华东政法大学全面贯彻党的教育方针，落实立德树人根本任务，围绕上海教育中长期规划纲要的总体目标，按照建设“双一流”高水平教学研究型多科性特色大学的战略要求，遵循科研发展规律，加强管理，精益求精，在科研方面取得了不俗的成绩。一直以来，学校的优秀学术成果持续增长，学术影响力有所提升，学校科研工作日攀新高。

法学是华东政法大学的主要学科，是学校的知名品牌。推介法学研究成果是科研管理部门的服务项目和重要职责。这次推出的“棠树文丛”就是华东政法大学法学教师的优秀成果。之所以将法学文丛取名“棠树文丛”，其出处来自《诗经》。《诗经·甘棠》云:“蔽芾甘棠,勿翦勿伐”,这是说周初召公巡行理政,在甘棠树下听讼决狱,断案公正无私,其事流芳后世,歌诗以载。法平如水,民心所向,古今无异,故以“棠树”为法学丛书命名。这次组织出版“棠树文丛”,可以促进华政的法学研究水平,提升法学学科的影响力,为实现依法治国的宏伟目标和弘扬法律的公平正义添砖加瓦。

其他学科在华东政法大学也在迅速发展。多科性交叉融合发展也是学校的一个显著特色。华政的政治学、外语、社会学、新闻传播等众多学科在全国大学和科研机构等体系中已产生了广泛的影响力,并占据了重要的学术地位。这次推出的“理因文丛”,则是华东政法大学其他学科教师的优秀成果。之所以将其取名“理因文丛”,其出处来自华政松江新校区的一位古人。约一千七百年前,松江人陆机在其名作《文赋》中写道:“伊兹文之为用,固众理之所因”,文以传理、文以载道,是对学术著述的最高期许。以“理因”二字命名丛书,正是希望这套著作能考众理之妙,释学术之道,追求学术本义,成为展示华东政法大学科研水准与成就的窗口。恩格斯曾经说过:“一个民族要想站在科学的最高峰,就一刻也不能没有理论思维。”理论研究就是要找出事物的发展规律,探寻世界的奥秘,开启人类的智慧。“理因”文丛的出版契合了探究事理本源之意。

高层次优秀科研成果的出版是教师和科研管理部门共同追求的目标,也是我们贯彻落实《华东政法大学学术专著出版资助管理办法》的举措。我们希望通过这次学术专著推进活动,规范学校图书出版工作,进一步激发我校教师的科研积极性,多出成果,出优秀成果,展现华政学术丰采。

华东政法大学科研处

2019年3月5日

目 录

前言

本书以文化整合为导向，在欧美和中国司法制度及法律语言中搜集体现独特法律文化背景特色的语料并对之加以分析，探讨法律文化在法律文本、日常司法过程中，话语人际交流中所产生的作用和影响。针对法律语言翻译中文化内涵的缺省，本书以翻译研究中的文化语用阐释为框架，发挥“译者登场”的主体认知作用，探索法律文本和话语交际在翻译中的文化补偿策略。

本书第一部分在译学的“文化转向”框架下阐述了文化视角下译学的结构、解构及建构、“社会效益”关照下的功能对等与交际翻译观、语用学理论及文化预设在翻译中的应用以及认知语境下关联理论对翻译的解释。以文化形态的重构为支点的多元构架理论是为实现翻译与文化无缝衔接理论路径的尝试。

第二部分探讨的是不同文化环境下语言发展的差异所导致的译语与原语之间的语言结构及文化内涵错位。通过对中西法律特定概念、法律体系、法制功能、法律制度、法律程序以及社会语境的差异分析在法律语言翻译中所造成的法律语言文化信息错位现象。

第三部分要说明的是法律语言中语用修辞的文化阐释。本书通过不同法系下语用修辞的文化错位，从社会制度、文化语境、民族心理及思维方式的视角分析法律语用修辞的文化兼容、反差以及英汉法律语言表达方式的语用负荷，以实现法律语言中语用修辞的文化阐释。通过对英语法律语言和中国法律语言中不同概念映射的对比，探讨法律文化负荷用语在翻译中出现的各类失误现象的原因，如文化镜像的差异、译文信息的流失、相同概念映射下的不同文化内涵等。

第四部分是对文化信息的重构策略及法律修辞的语用等值翻译的研究。在翻译充满文化负荷的法律语用修辞时，如何完整转达原文的信息、意义、语用功能、文化因素及审美形式等成分，使译文的法律修辞能够超越语言的表面形式兼顾文化和语用内涵而实现功能对等，以实现语际间语言单位所含信息量的等值转换是本书的焦点，通过辨析跨法系法言法语的内涵，明确法律语言语际转换的文化指向，对法律词汇文化信息的重构策略及法律修辞的语用等值翻译进行研究，如语用前提下的法律文本功能对等策略、语用交际论关照下的异质文化信息保全策略等。

第五部分的内容为对法律语境下译者的文化使命的探讨。由于翻译是达成公众对于异域文化了解的一种手段，在翻译法律文本的过程中，译者应当以两地的文化交融为重点，不仅要注意语言的特殊性和语法的特殊结构，还要对指定法律的政治背景、环境因素以及中西方在法律文化上的差异统筹考虑，以在翻译中进行语言与法规双重转换，以广角的研究视野，从译者角色定位的历史演进为起点，以译者文化身份为核心，探讨了译者在翻译过程中的创造性，阐述了成为译者主体性研究一部分的“创造性叛逆”。从译者的主体性、创造性以及翻译的主体间性三个方面，分析法律语言翻译中译者作为文化操作者的内涵及其表现。

本研究试以超越语言形式的微观层面从深层次探究干涉语言的诸多因素，透视语言背后的社会文化本质及其语用价值，对不同异质文化进行整合、协商，从语言、文化、认知、交际等多维度理解和转译原语的文化，以期对法律、语言及教学领域的工作者有所帮助，并期待同行及专家批评指正。

作者谨识

2018 年 11 月

第一章 文化认知语境及译学的“文化转向”

文化是以语言为主要形式进行传承的，同时语言的发展有依赖于文化这一根基。两者之间的关系相辅相成密不可分。在文化传播中，语言的作用得以彰显，为文化的多元化传播起到了记录、传承、丰富、促进等作用。语言能够反映人文历史的发展，同时也能记载社会的进步以及文明的发展。但是，语言不是独立于文化生成并发展的，如果没有文化作为基础，语言也将失去其存在意义。在语言的发展、完善中，文化的影响力处处可见。在翻译过程中，要将本土文化与境外文化进行有机整合。如果不考虑文化背景，那么翻译将很难达到“形神兼备”。翻译工作担负着语际沟通的重要责任，是跨文化信息传递交流的重要手段和工具。

翻译要将本土文化和异域文化结合起来。离开文化背景去翻译，两种语言之间的真正交流便不可能真正实现。翻译是语际间的转换，更是一种传递信息的跨语言交际。美国翻译理论家奈达指出“要真正出色地做好翻译工作，掌握两种文化甚至比掌握两种语言更为重要，因为词语只有运用在特定文化中才有意义”。①改革开放以来，国内翻译工作已经形成了两个不同翻译趋向，一是交际理论在翻译理论上的体现，二是由于对文化转换的重视所产生的对传统翻译中“语言转换”的动摇。②近年来，翻译界正在加强宏观把握，拓展翻译视野，不断加强翻译工作的文化融合功能。

美国语言学家萨丕尔在《语言论》中指出，“语言不能脱离文化而存在，就是说不能脱离社会流传下来，决定我们生活风貌和信仰的总体”。③萨丕

---

① ［美］尤金·A.奈达：《语言文化与翻译》，严久生译，内蒙古大学出版社 2001 年版，第107 页。

② 郭建中：《翻译中的文化因素：异化与归化》，《外国语》1998 年第 2 期。

③ ［美］爱德华·萨丕尔：《语言论》，陆卓元译，商务印书馆 1985 年版，第 186 页。

尔认为语言按其本质是一种文化功能，而非生物遗传功能。当代英国的翻译学理论家苏姗·巴斯奈特(Susan Bassnett)曾把语言比喻为文化有机体中的核心。她认为，语言的翻译不仅仅是两种不同文字的相互转化，更应该是文化与语言的双向沟通与融汇。尽管语言由文字构成，但译者在翻译中要传递的信息远不止文字本身，译者的工作不但关系到语言的互换，更是将本土文化与异域文化相结合的二次创作。①

传统翻译观认为，翻译就是两种语言的互换，所以在很长一段时间内，翻译仅仅以语言的准确对应为定位进行文本参照。业内人士对于翻译的重点，仍然界定为对于两种语言转换的精准度上。虽然对翻译的风格、原则、标准、性质也进行了探讨，研究者关注的重点始终停留在表层的语言转换问题上，或者大多是翻译实践的经验、体会、总结。随着翻译理论的形成和发展，译界对翻译中文化因素的渗透作用逐渐重视，意识到语言的翻译不仅是语言文字的转换，更是两种不同社会文化的沟通和移植。翻译既涉及两种语言，更涉及对两种文化的认知。在交际的过程中我们必须用语言去完成文化行为。以全球多元经济和多元社会形态发展为导向的多元文化形态之间的交流，为翻译学提供了更新的文化翻译观念和方法论。此外，翻译活动不仅涉及人文、经济、政治环境等因素，还反映了原语文化与译语文化之间的权力等差异。

20 世纪 70 年代后期，解构主义逐渐成为意识主流，对于语言逻辑的认知逐渐被淡出。同时随着国际文化交流的日趋密切，翻译已经实现了从交流功能到文化渗透的多元化发展，对于异域文化的研究越发深入。这种发展趋势引领了翻译工作者对文化差异的空前重视，促使翻译研究进入了全新的发展时期——文化论时期。

以色列翻译家埃文·佐哈尔是翻译与文化无缝衔接的倡导者之一。在 20 世纪 70 年代，他提出了翻译界的多元系统理论(polysystem theory)。这一理论原本在西方文化界较为盛行，主要内容是将文化符号，例如政治经济、语言民俗、社会形态等看作一个整体系统，由多重部分组成，具有开放性构架，从而形成一个多元化的文化大系统。各系统之间相互影响，互相促

---

① Susan Bassnett & Andre Lefevere. *Constructing Cultures*. London: Multilingual Matters, 1997. pp.137—138.

进，形成了丰富多彩的多民族文化地图。在此理论基础上，翻译以及翻译理论学术研究的发展，已经与异域文化的各个维度有了高度融合渗透，同时也将传统的翻译视野进行了扩张。以文化范式为研究切入点的学者，主要有巴斯奈特、勒菲弗尔、尼兰贾娜、韦努蒂、赫尔曼斯、斯皮瓦克、图里、西蒙等。他们从多元文化理论、后殖民主义、解构主义、女性主义理论等学科把文化纳入翻译研究的整合视角去探讨文化翻译。

巴斯奈特与勒菲弗尔提出要赋予翻译新的使命，即翻译不应局限于以原语为根本，仅仅作两种语言的转换。翻译本质已跨越了形式阶段，应从“语境、历史和传统多维度的视角”来考察，充分强调出当代西方译学研究的“文化转向”(the cultural turn)及其理论视野。①类似研究是对1957年拉多发表的《跨文化语言学》一书的贯彻发展。实际上，译界学者对于翻译中文化的地位已有广泛共识，即翻译不仅是语言形式上，更是本土文化与异域文化之间的转换。

巴斯奈特对翻译中的文化现象作出了含义界定：首先，在翻译中文化应当是基础，不能仅以语篇为本。第二，翻译不是机械的译码组合，在翻译过程中应充分注重语言的交流作用。第三，翻译不能仅仅局限于既有文本的约束，而应体现原文本在译语文化里功能的等值。第四，翻译要以历史背景为依据，符合其不同时代的原则和规范，同时也要结合当下的社会环境。②总之，上述特点均以满足现实不同需求为出发点。翻译的主要目的，就是要达成文化的传播以及满足传播受众的需求，这些都是翻译工作中文化功能的体现，同时也是信息传递功能的更高需求。

在翻译中所进行的文化转向与传统的文化研究有着本质不同，在翻译过程中，文化转向的关键问题是转移部分，是文化多元化研究中的一个切入点，同时也是翻译工作进行深化的必由之路，可以形成一个独立的、跨界文化研究的独特领域，其中包括如下方面：以后殖民文化为研究重点的种族类研究范畴；以女性文化为主、进行语言评论的性别翻译研究；面对发展中国家进行的政治经济以及社会变革等方面的研究。此外，还有针对娱乐传媒、影视艺术等展开的综合研究，这些研究虽然具有一定的独立性，但是它们仍

---

①② Susan Bassnett & Andre Lefevere. *Constructing Cultures*. London: Multilingual Matters, 1997. pp.137—138.

然是翻译研究的一个分支，而不能作为探讨本体存在。

在传统翻译中，对于原文本的重视度一度成为判断翻译质量高低的标准，但是通过文化元素的渗透，译文中的文化传达已经成为文化交流的重要途径，在整体翻译中起到了举足轻重的作用。对于社会形态以及意识形态的注重，使地域间文化流派的交通融汇更为密切，同时相互之间的影响也日趋明显。现代翻译研究已经突破了以语言互译为标准的传统翻译模式，对于文化理论的深入研究和借鉴，已经在翻译和文化之间构建起一座桥梁，对国际文化发展交流起到了重要影响。迄今为止，翻译界已经形成一定共识：语言是文化传播的途径之一，也是文化的重要表达方式，同时也是文化现象的具体表现形式。所以，在翻译过程中，在语言转换的同时，也要达成对文化的传递，这已经成为翻译研究的重点内容。这种基于译者与翻译语言之间的文化切入，为翻译研究拓展出新的学术视野，并提供了更为新颖、有力的理论支持。

第一节　文化视角下译学的结构、解构及建构

在不同的历史时期，翻译领域都对翻译理论的基本问题有所探讨。近代的翻译理论研究逐渐趋于系统性，对于翻译的类别以及标准作出了更为明确的界定，并对于翻译中的可译性进行了研究。与外国翻译研究相比，我国翻译研究在 20 世纪 80 年代得到了长足发展，受到西方翻译研究影响较大。索绪尔所提出的语言学理论，也为译学研究奠定了理论基础。在此理论的影响下，不同的翻译流派开始形成、发展，奠定了翻译研究的坚实基础。同时翻译界的研究形式也发生了很大变化，尤其是西方翻译学中研究领域与深度的拓展，各种新观点不断涌现，形成了丰富多样的研究学派，各学派学术研究成果不断面世，各种视角的翻译理论竞相面世，如翻译等值论、交际论、多元系统论、功能论、目的论、后结构主义、后殖民主义、解构主义、建构主义、女性主义、生态论翻译理论，等等。

当代著名翻译理论家奈达对西方的翻译理论的诸多流派归纳为语文学、语言学、交际学以及社会符号学等不同理论。这种分类方法同时也体现了翻译形式的不断演变。语文学的研究重点主要在于语义结构、内容选择

和组织方式，对文本的修辞极为注重，而语言形式之外的整个语境和情景则被忽略。语言学理论进而强调了文本意义的构成特征和语言结构，以对等转换规则为准绳。但是，上述两者均以语言结构为重点。交际学对于语言的交流作用较为倚重，对于语言的动态变化把握准确，对于文本所包含的交际环境因素以及受众因素均有兼顾。社会符号学主要研究语言功能以及各种社会符号之间的联系，即符号、所指和解释者三者之间的关系。

有学者将国内的翻译学术研究进行了阶段性划分：20 世纪 80 年代中期前的语文学研究阶段、20 世纪 80 年代中期至 90 年代中期的结构主义语言学范式研究阶段、20 世纪 90 年代中期以来的解构主义多元化研究阶段。①通过上述分析可以看到，第一阶段的翻译研究主要以原文意译以及翻译经验为主，翻译工作始终以贴合原文本为标准，翻译视野受到很大局限，同时也缺乏专业理论作为指导。语文学研究发展至后期又关照了言内、言外两个层次的意义，出现了“神似”理论说，对于灵性、感悟较为注重，缺乏关于翻译的理性与规律性研究。在研究中主观色彩浓郁，神秘色彩较为明显，缺乏一定的哲学基础。虽然语文学研究有一定的局限性和偏理性，但是它对于意图传达的重视，为后期翻译研究提供了一定的理论基础。②

西方修辞学的发展，是以索绪尔为代表的语言结构学说为开端的，同时，索绪尔还奠定了近代符号学的发展基础，他的符号学理论在西方人文科学中形成了辐射性影响，使文史哲甚至自然科学都派生出与符号学相关的跨学科理论学派。由此可见，语言学的结构理论学说，实现了 20 世纪人类的一次思维飞跃。由于索绪尔的符号结构宣告其与神祇无关，是人类理性思维的高级产物，因此其成为人文主义摆脱神权束缚后的革命性突破。这一观点在当时引起了公众强烈的精神共鸣，使 20 世纪西方语言研究进入了崭新阶段。雅格布森的语音学、乔姆斯基的语言学、克利斯蒂娃的符号学及罗兰·巴特的符号批评学等，都是受到索绪尔理论的影响进而形成的主要学术流派。

进入 80 年代后，国内翻译界接触到更多的西方译学元素，其影响力也

---

① 吕俊：《结构·解构·建构——我国翻译研究的回顾与展望》，《中国翻译》2001 年第 11 期。

② 卢玉卿：《语文学范式翻译研究的意义观——翻译理论的历时研究》，《外语与外语教学》2009 年第 3 期。

日趋增加。其中又以奈达的翻译理论影响最为显著。奈达根据乔姆斯基的“转换生成语法”中“表层结构”与“深层结构”的学说，提出翻译应以反映“深层结构”的“功能对等”为主，而不是反映“表层结构”的“形式对应”，使译文文本的读者基本上能以原文本读者理解和欣赏原文本的方式来理解和欣赏译文。奈达最大的贡献是为我们翻译界带来了在系统语言学理论指导下的翻译研究，与此同时其他语言学的知识也不断被吸收到翻译中来。奈达创造性地提出了以语言学为基础的翻译理论，指出不同语言之间的互译能够完全实现；语言的构成是以深层结构为基础的，而不同的语言现象就像具有高度逻辑行的数学公式一样。奈达对于语言的表达功能作出阐述，并在语言内容与表达形式的分类上利用二分法，即翻译应当以内容为研究核心，而形式的作用应该相对被弱化。上述观点明确体现了结构主义在翻译领域的应用特点，建立在这一理论基础上的翻译结构也被赋予二元论特色：即翻译应当始终以原文本为核心，译文应当高度服从于原文本，在原作者与译者之间，应当建立典型的二元对立联系，译者应当高度忠实于原文意图，也可以说，译文应高度体现原文意义。由此可见，建立在结构主义理论上的翻译观点，虽然具备了一定的理论基础，但是，这种理论认为所谓翻译只是一种语际符码之间的转换，忽视了翻译中的人文因素，对原文本的思想性重视不足，从本质上还是聚焦于文本。所以，这种译文会存在“机械翻译”的不足，注重语义传达而忽视文化传达，将文本翻译单纯视为语言操作，使译文失去了其社会性的传达作用。

在翻译领域引入社会学、语言学、逻辑学、符号学概念后，多元化翻译格局已经形成，上述以文本为核心的结构范式受到了不少学者质疑。在20世纪中期后，西方学术界出现了另一种崭新理论：解构主义，亦称为后结构主义。这一概念始于20世纪60年代，率先在法国形成完善的理论构架，并迅速在西方译界备受推崇。这一学说也对传统的翻译理论形成了巨大影响。解构主义继续沿袭西方哲学对于二元思维的诠释，以某种理念或者神祇、人为中心，提炼出两向相对立的基本构架（如主体与客体、声音与书写、本质与现象、哲学与文学、真理与谬误、能指与所指等）。前者具有一定的精神高度，而后者与前者之间形成依附关系，以衍生或者对立的形式存在。解构主义彻底颠覆了二元对立的思维模式，对译者本身的创造性和主体作用进行了肯定，对于译界一直以来忠于原文本的翻译模式形成了极大挑战。传统结构主义在语言概念的定位上强调封闭与稳定的观点，而解构主义注重语言外部因素的影响，从根本上否定了这一理论，从而形成了翻译领域多元发展的新格局。解构主义以颠覆传统语言形式为核心，对语言的规律性进行了重新界定，以更为形象的表现形式，对语言文字的结构和意义加以阐释，同时也将原作者与译者间的相互关系进行了阐述，打破了传统译文将原作者视为翻译核心的定势，更加强调译文的人文意义。

美国学者希利斯·米勒对于解构主义提出了另一论点。[①]他认为读者作为文本的二次创建者，在语言上具有高度不确定性，在阅读中会产生误读现象，通过阅读过程，会在原文本基础上形成附加文本，而这种附加文本，会对原文本构成破坏，这个过程是循序渐进的，而且会不断持续。良好的阅读能够改变阅读者的思维意识，对问题的分析将更明智，而误读作为阅读效果的一种，也能够从某一层面提升读者的思维创造力。这一观点改变了传统阅读中消极接收文本内容的模式，对于阅读过程中“人本位”观点进行了诠释，鼓励读者在阅读中发挥想象力和创造性。米勒的观点认为，在阅读文本中，人应在话语交际中占据主导因素，应以读者的主观意识为动力，这种观点充分展现在语言发展过程中人类精神活动丰富的影响力。

解构主义发展至今，已经形成了翻译界的重要理论学派，使我们以一种辩证和灵活多变的思维方式来研究翻译理论中的各种关系。解构主义下的翻译观点认为，译文无须无条件地服从原文本，译者也无须无条件迁就原作者，翻译应当是文本的二次创作，其人文性和艺术性在翻译过程中得到了强调。这种理论的发展与充实，使翻译界的思维体系更加多元化，同时，也将原作者、译者与原文本之间的关系进行了定位，译者在创作过程中获得了更为自由的发挥空间，翻译活动的主动性和创造性得到了彰显。

与结构主义翻译理论的二元对立和中心至上相对，解构主义弘扬了翻译和翻译标准的差异性、多元性与多维度性，否定了结构主义翻译理论所倡导的稳定性、确定性、规律性和一致性，视多元化和差异化为赋予原文本以延续、传播的动力，鼓励译者进行差异性明显的文本翻译创作，这种观点开创了译界发展的新阶段。但由于缺乏系统性理论指导，解构主义在实践工作中难以确定统一的执行标准。依照解构主义的相关理论，译者对原文本

① 黄振定：《解构主义的翻译创造性与主体性》，《中国翻译》2005 年第 1 期。

具有足够庞大的权限空间，在翻译过程中的随意性被无限扩大。所以在译者对于原文本领悟力有限的情况下，很难用精准的文字进行文本含义表达。而读者在解构主义理论的引导下，也将放大自身解读的随意性。上述种种弊端，使不少学者认识到它在翻译工作中的破坏性，从而对解构主义的可行性产生怀疑，甚至否定这一理论的科学性。

结构主义注重语言的还原性，而解构主义注重译者为主体，两者之间呈现出两个极端性倾向，一方面，结构主义过于执着语言规律，对译者主体论保持高度排斥态度；而另一方面，解释哲学的解构主义又过分强调译者个体的自由发挥，导致在翻译实际操作中的混乱。此时，建构主义观点的提出，为翻译工作开辟了新局面，该观点在超越原文本的基础上，为我们指出了一条超越语言文本彰显主体意识而又回归理性的轨道。建构主义的发展，最初缘于圣西门、孔德及马克思提出的相关学说，到了 19 世纪末和 20 世纪初德国哲学家与社会学家齐美尔和韦伯又使这一理论得到了发展。后期米德的符号互动学说，舒茨基于社会学提出的现象理论，哈贝马斯提出的交往行动理论以及皮亚杰的认知心理学理论，多种学术流派的形成，都隶属于建构主义基础理论范畴。①

德国哈贝马斯的“交往行为理论”和“普遍语用学”被视为对译界的建构主义起到了引领作用。“交往行为理论”具有明显的构建意义，在具体操作中，既要超越主体思维的束缚，又要约束解构主义赋予主体的过度自由发挥，促使其回归理性。“交往行为理论”虽然是建立在社会学基础上的理论，但是有学者认为，社会合理化的构建，首先应当以交往行为合理化为前提，而语言从中起到的是媒介作用，所以，应当将对语言的关注视为该理论发展的关键因素。②

在结构主义认知框架下，对于语言系统的重视远远超过对于言语问题的重视，而解构主义则从语言的规律性入手，认为译者具有高度语言再造权利，可以不受任何约束，不能以规律性的东西对其进行限制。哈贝马斯则指出，在交往行为中，最终难以脱离语言的交流，这种交往是一种语言行为，应当受到语言规律的种种限制，同时受到不同法律和社会行为规范的制约。③

---

① 黄振定：《解构主义的翻译创造性与主体性》，《中国翻译》2005 年第 1 期。

②③ 吕俊：《结构·解构·建构——我国翻译研究的回顾与展望》，《中国翻译》2001 年第 11 期。

也可以这样认为，在交往行为中，语言行动应当以社会准则为参照，这也是普遍语用学的构建基础。"普遍语用学"的提出，则首先对语言哲学作出了贡献，同时也为翻译建构学提供了重要指导性理论。普遍语用学主张对主体意识进行限制，同时也突破了翻译中语言学理论的瓶颈。所谓建构的翻译学是一种以交往理性为基础，以建构主义思想为指导的独立学科体系。该学说通过比较和批判说明了语文学、结构主义语言学、解构主义、建构主义四种范式的异同，从哲学基础、理性观、真理观、语言观、认识观等方面论证了建构主义翻译学的合理性。

建构主义翻译学的建立基于翻译标准的三条原则：知识的客观性；理解的合理性与解释的普遍可接受性；原文本的定向性。①上述原则与翻译实践需求较为契合，既体现出构建型翻译的开放性，同时也使其具备了多元化发展的基础，对于主观认识以及客观接受起到了良好的协调作用。建立在上述原则下的翻译标准，更有利于工作实践的展开。其表现出的开放性以及可操作性，使翻译主干更为清晰，同时翻译元素更为丰富。

哈贝马斯在商谈理论学中提出了翻译伦理概念，这也是翻译学中建构主义的具体理论依据。"翻译伦理学的宗旨是建立跨文化交往活动的行为准则。它是一种以承认文化差异性并尊重异文化为基础，以平等对话为交往原则，以建立良性的不同文化间互动关系为目的的构想。"②按照哈贝马斯的普遍语用学和商谈伦理学的思想，翻译伦理学的理论原则首先是追求平等与公正，反对语言和文化霸权主义，反对霸权和狭隘的各类中心主义。其次，不同文化之间要相互尊重，异中求同，在较高的道德层面上追求交际活动的有效性。

第二节　"社会效益"关照下的功能对等与交际翻译观

在翻译界，文化转向理论已经形成共识，也就是说，在翻译过程中应当

①② 吕俊、侯向群：《翻译学——一个建构主义的视角》，上海外语教育出版社 2006 年版，第 1—13 页。

强调语境的融汇。某种语言在特定社会环境中具有合理性和公认性，如果一旦脱离原语境，可能会产生若干歧义，甚至与原意大相径庭，这就要求译者在翻译工作中做到因地制宜。在英国翻译界，功能论的提出最早始于艾尔·弗斯，其后，这种观点得到了诸多学者支持。弗斯反对将语言视为机械性代码的观点，他引用马林诺斯基提出的"语境概念"，将语言意义落实到语境功能上。①弗斯反对语境与语义相分离的研究方式，所以，功能主义观点认为，在翻译中应当注重语境的营造和传达。其后，不少语言学者将这种理论运用在翻译研究。

功能翻译法则是近代翻译理论的重要补充部分，在 20 世纪 70 年代形成基本观点并进行实践研究，拓展了翻译研究的新平台。作为对传统"等值"观的一个重大突破和翻译理论的重要补充，该理论对翻译行为进行了重新诠释：即在目的行为的前提下对事物状态进行转换的过程，为实现语言的跨文化交流而进行的语言转换行为，所以这种观点对于原作者与译者的相互理解提出了较高要求。在充分尊重原文本功能的基础上，对于译本的语言传达和文化传递起到良好的沟通作用。功能翻译法将作者与译者的关系作为翻译标准的一个重要层面，这是对以往翻译的一项挑战。也就是说，在功能对等的理论上，只有读者才是翻译的核心关注因素，美国语言学家、翻译理论家奈达指出："如果两种文化有亲缘关系，而两种语言迥异，译者就应该在译文中进行大量的形式转换。在这种情况下，相似的文化通常可以提供一系列内容方面的对应语，比起语言和文化都迥异的情况，翻译上的困难相应会少得多。事实上，文化差异比语言差异给译者带来复杂得多的问题。"②可以说，文本本身的文化功能可以被忽略不计，但是，在文本传播以及公众接受的过程中，其社会功能才能得以充分体现。无论是在学术定义还是实际操作中，应始终以交际需求为基础。对于功能理论而言，翻译不仅仅是跨文化的行为，同时也是突破交流障碍的沟通行为。由此可见，功能理论更加注重文本的实际交流效果，视翻译为一种有效沟通行为，认为将原文本的生成环境以及翻译行为相结合，才能达成文化传播的有机行为，这种行

① [英]弗斯：《1930 至 1955 年间语言学理论纲要》，载刘润清等编：《现代语言学名著选读》，测绘出版社 1988 年版，第 93 页。

② Nida，E.A. *Toward a Science of Translating*. Shanghai：Shanghai Foreign Language Education Press，2003. p.70.

为构架，能够使译者更为精准地掌握全篇内涵，在对等功能的基础上，形成更为直观、更具沟通内涵的翻译效果。在翻译中要考量的因素不仅有语言功能、原本功能，还有译本功能。功能对等理论所追求的是译文在功能效果上而不是在字面的形式上与原文对等，简言之即“等效”，将原文本和译文读者之间的关系作为翻译的标准，强调以接受者为中心。

现代翻译受到多元文化理念的影响，但是无论外力影响大小，当代翻译理论都在一定程度上将翻译视为交际、交往的一种形式。在该理论早期形成过程中，主要将翻译定位为编码、译码的过程，翻译人员在很长时期内被视为解码员。译者在进行翻译过程中，往往对原语和译语两种语言之间的转换做出调整，然后通过完成的文字表达向受众传递尽可能完整的信息。将翻译行为归类于“交际”行为，成为在翻译界广为接受的概念。该术语虽然内容丰富，涉及范围较广，但是没有形成统一的概念界定，没有准确的定义。早在20世纪60年代语言学在翻译领域的影响力达到空前盛况的时候，很多翻译研究者在研究内容中引入了交际学理论。奈达将这一观点贯穿于学术研究中，并提出了自己的独到见解：以交际理论为基础，在信息度可预见的前提下，译者在语言转换过程中，有责任对语义低程度的可预见进行一定的补充。以交际理论以及信息传递理论作为研究基础，奈达提出了翻译工作过程中所涉及的五个因素，即：主题事件、交际过程中的参与者、言语行为或写作过程、使用的语码及信息、交际过程中的解码者信息通道和信息过载等等。将翻译视为交际行为的学术观点已经在多种研究中被认可，即使在注重功能翻译理论的德国，同样也是以交际理论为基础的。

在翻译研究中，不少学者都主张将翻译与交际行为进行有机联系，如纽马克、威尔斯、哈蒂姆·梅森、格特、霍尔·兹曼塔里、莱思·弗米尔、贝尔和诺德等。但是，这些观点的出发点却各不相同。由于个人理解的巨大差异，造成了对于“交际”内涵诠释的千差万别。威尔斯提出在交际手段中翻译的重要地位，而持另一种观点的研究者则强调在翻译中交际效果的目的性建构。[①]纽马克在语义诠释与对应性基础上阐述了交际翻译(communicative translation)的具体研究方法，他认为译文的阅读效果应当最大限度地保持

① Wilss, W. *The Science of Translation—Problems and Methods*, Shanghai Foreign Language Education Press, 2001, pp.17—18.

与原文阅读效果接近。与原文本内容相比，译文对于信息的传达力和表现力应更为注重。[①]所以，在采用交际翻译的情况下，译者对于译文“读者感受愉悦度”的重视程度可以超越或忽略原文本与译文之间语义传达的准确性。交际翻译往往将原文本内容与内涵进行二次加工，使读者的阅读体验更加明显，并在此基础上提出语义翻译(semantic translation)的定义。

语义翻译以忠实于原文本语法结构为基础，对于文中的内在含义尽量做到上下一致。而交际翻译所强调的是读者对于译文的精神感受与原文本应保持一致。也就是说，语义翻译较为注重对原文本承载信息的传达，而交际翻译则更加注重对于文本功能的表现。语义翻译强化了对原文本表现意图的传达，力求在译文中呈现原文本的表现内涵，这种翻译形式下的作品与原文的一致性更高。在采用这种方法进行翻译时，译者应当首先确立原文本与译文之间的差异性，译文如果过分注重原文本的美学表达而弱化了文本信息的表达，那么，即使形式再完美的译文，也已经失去了翻译的应有价值。语义翻译较为重视作者的思维变化，所以在翻译中应当最大限度地保持原文本的语言特点以及行文风格。交际翻译强调双方文化间的融合和交汇，其译文更为注重读者的阅读感受，即在阅读体验上力求与原文本一致。利用这种翻译模式进行文本再创作，信息的传达就成为翻译的核心部分。所以译者如果过于强调文本信息的传达，将会在翻译风格与修辞特色上有所忽视，译者的再创作会导致原文本风格尽失，而译文也将失去原有价值。所以在以交际翻译为主导的文本翻译时，信息的对等传达就成为重点。虽然纽马克曾明确强调语义翻译优先，并没有指出哪一种翻译方式更胜一筹，因为不同的翻译要求以及翻译目的，所采用的翻译方式也不尽相同，所以仍指出在翻译实践中应当灵活利用，不能机械地进行硬性划分。两者的侧重点不同，就会造成翻译风格的丰富多样。

“交际翻译”(communicative translation)与“语义翻译”(semantic translation)的不同只是一种侧重点上的不同，而不是类型上的不同。由此可见，语义翻译是语言性的升级，具有灵活的发挥空间，而交际翻译则是严格的功能体现，两者之间并不是完全对立的。在两者共同发展的过程中，已经形成了一个比较有代表意义的交汇点，即交际对等理论。

---

① Newmark, Peter. *A Textbook of Translation*, London: Prentice Hall, 1988, pp.38—55.

与奈达提出的对等概念不同，交际翻译是以读者为核心的翻译模式，力求使译文更为读者所接受，所以对于原文本的修改和再加工痕迹也较为明显，在文本构架上的变动也很大，对于原文本中缺乏文采的句子可以自由修改。但是在功能对等翻译中，原文本被划分为思想表达与语言表达两部分，在翻译内容保持对等外，也要在形式上最大限度地保持译文与原文本之间的对等。同时奈达也指出，为了保持译文内容的对等性，可以适当在译文形式上作出让步，并提出在以下五种情况下，可以改变译文形式：第一，在直译情况下原文本意义将产生错误；第二，借用语会构成语义空白，导致读者错误的阅读理解；第三，在保持原文本形式基础上，会导致意义模糊；第四，形式对应可能导致原作者意图被误解；第五，形式对应可能造成语法错误，语体矛盾。①

虽然奈达与纽马克对于翻译的主张各有不同，但是在翻译的科学性与艺术性的认识上却是一致的，两者都是以语言学为前提，对原文本保持了最大尊重，认可语言的互换性以及对等性，将翻译的最终目的锁定为读者的阅读感受上。但是纽马克更加强调以原文本为前提的翻译方法取舍，所以不少学者将其视为奈达理论的继承和发展，在具体实践中更为规范可行，对于翻译实践而言也更具指导性。奈达主张在翻译中尽量协调原文本与译文之间的文化差异，纽马克则更加具体地提出了翻译中交际对等理论，交际过程成功与否，主要取决于受众的接收反应，在交际过程中，倾听者、讲述人以及语言本身构成了交际的三个要素，当倾听者与讲述人之间达成交流共识后，则表明交际成功。在翻译中，异域语言之间具有对等性，译文所传递的信息应当最大限度地等同于原文本所传递的信息感受。

第三节 语用学理论及文化预设在翻译中的应用

语用学概念的提出，最初缘于美国学者莫利斯和卡纳普。20 世纪 30 年代，两位学者先后展开了对语用学的研究。60 年代后，英国哲学家奥斯汀和塞尔也相继对"语言行为"进行了论述。美国语言学家格赖斯提出了

① 谭载喜:《新编奈达论翻译》，中国对外翻译出版公司 1999 年版，第 52—55 页。

"合作原则"的理论。语用学是旨在研究语言的运用和理解的新兴学科，其研究既包括针对主体语言与语境之间的联系，也包括对语言受众的接受能力以及接受方式的推理。在语言学研究发展中，语用学主要以语义研究为重点，顾名思义是研究语言意义以及使用规律的学科。在特定环境下，语言表达被赋予了不同的语义转换，如何在特定语境下使用更为精准的语言就成为语用学研究的重点。语用学对语言价值的发掘以及语言目的的研究，使它与语言研究形成了根本区别，语用学是从人类语言自身出发展开的一系列研究。在日常语言表述中，讲述人所运用的语言符号并不单纯表达某一项静态含义，倾听者会在接收语言的过程中进行一定的心理推断，将讲述人的意图进行分析理解。所以，对于一门语言的理解，仅仅满足于词汇、语法是不够的，还要对语言产生的内涵意义，以及潜在的效果进行发掘和把握。语用能力的体现，同样可以视为交际者之间的语言能力体现，即语言的构架能力和使用能力。

由于沟通双方缺乏语用前提的互知性，造成的语义的主观理解偏差，常常会造成语义表达的错位，所以，以奥斯汀和塞尔为代表的言语行为理论学家提出，翻译研究应当从语句基本构架的重点转向语句所要表达的意义、意图和社会功能方面，从而突出语言意境的融合或言语的社会功能。奥斯汀认为，语言的功能划分可以分为三种，言语行为可分为以言指事(locution)、以言行事(illocution)和以言成事(perlocution)。①塞尔丰富和发展了该理论，提出了相同的命题中"不同的语力"(illocuationary force)，如陈述、提问和祝愿。他提出了间接言语行为(indirect speech act)理论，并对奥斯汀的言语"言外行为"(illocuationary act)概念补充了前提、预备、真诚、命题及基本条件。②言语行为理论的提出，对于语言学的发展产生了广泛的影响，为应用语言学、社会语言学、语用学以及语言习得研究诸方面开拓了新视野。另一方面，语言行为研究使语言学向交际功能倾斜，也使语言信息处理从以语言形式为焦点转向以言语功能和内容为中心。这样的研究，可以有效避

---

① Austin, J. L. *How to Do Things with Words*. Oxford: Oxford University Press. 1962. p.133.

② Searle, John R., *A Taxonomy of Illocutionary Acts*, *in*: *Günderson*, *K.*(*ed.*), *Language*, *Mind*, *and Knowledge*, (Minneapolis Studies in the Philosophy of Science, vol.7), University of Minneapolis Press, 1975. p.344.

免在语言使用过程中出现脱离社会认知语境的语用误区。由此可见，言语行为理论已经成为语用研究的一个重要部分。法律语言的不确定性和含糊一直是法律阐释和法律翻译过程中人们关注的重心，因而将语用学理论应用于法律语言内容的研究，必定对法律语句功能和规律的揭示有所帮助。

人类使用语言的同时，也就完成了对于语言的选择。在日常的语言使用中，人们会根据交际目的的需要选择语言的种类与表达方式，以此来实现语言的沟通、表义功能。这种作用会帮助语言使用者达到交际目的，这种观点形成了语用学的顺应性理论。使用语言的过程即是选择语言的过程。人们在使用语言的过程中，根据交际目的的需要，尽可能地从一系列可供选择的语言项目中作出选择，最终实现语言的表义功能，也就是完成话语者期待的交际目的，这便是语用学中有关语言的顺应性学说。顺应理论的倡导者维索尔伦(Jef Verschern)在 20 世纪 70 年代提出了这一说法，并指出了语言使用者在语言的运用过程是根据不同语境在不同的意识水平下语言的选择过程，这一过程是动态持续进行的。维索尔伦在对顺应理论的描述中提出了四个研究维度，即语境关系顺应、语言结构顺应、动态顺应和顺应过程的意识程度。[①]语境关系顺应和语言结构顺应对顺应范围作出了界定，动态顺应性则强调了顺应性的变化特质，顺应过程的意识程度则是在语言选择、使用中的心理因素。法律语言翻译中，语码转换的顺应性体现尤为明显，在语言的选择上，应当遵循社会规范、心理需求以及现实需要等条件要求。

语用学注重研究语言的意义，但与传统的语义学研究却有所不同。语用学对于语义的研究不拘泥于传统的词汇、语句意义本身，而是研究在特定交际情景中，利用语言交流双方所传达的语境以及对此形成理解的过程。从发展角度来看，语用学是语义学的延伸研究。虽然语用学同样是对语言意义的研究，但是，语用学在形式语义研究的基础上，更加注重对于语境的分析以及语言的使用、沟通、交际能力，所以实用性更强，在研究领域具有十分重要的地位。

语用学也与传统的语言学研究不同，不是针对静态词句展开的，而是以语境为研究目标，发掘语言交际的动态意义，在特定的语言环境中，语言的

---

① Verschueren, J. *Understanding Pragmatics*. Arnold, London, 1999. p.66.

传递与语义的理解会因人而异，虽然不少翻译研究专家对于翻译的立论各有不同，但是在等效翻译中却持有一致观点：译文的最佳境界就是对原文本语义的等效传达，最大限度再现原文本信息。语用学主要针对语言理解和语言使用展开研究，是语言使用者对语境把握的体现，同时也对语言受众的接受方式与推理行为进行研究。该研究不对抽象语言的存在及发展意义作过多分析，而是针对交流双方的实景语言传递以及语言理解进行研究。建立在语言传达与表述基础上的翻译研究，与语用学之间有着千丝万缕的联系，而且两者的研究对象是一致的。语用学较强的语言诠释能力，可以引导受众从更新的视角解决语言翻译中的矛盾，将语用学与翻译研究融为一体。因为语用对比的可操作性，所以在此基础上进行的文本翻译，能够最大限度地体现等效翻译的特色，能够使翻译呈现出崭新的发展模式。

语用学发展至今，它不再是语言学的一个附属品。在语言学的基础理论上，语用学对语言表达内容以及表达方式的准确描述，已经具备了成熟的理论体系。语用学不但在翻译领域被广泛采用，而且在其他周边学科，例如跨文化交际、语言习得、认知语言学、人工智能等研究领域，都起到了重要的指导作用。语用学与翻译的关系也越来越密切。语用学各个研究领域所取得的研究成果，如语用预设、关联理论、礼貌原则、言语行为理论、会话分析都可成为从语用角度研究翻译的科学分析方法。在翻译研究中，语用学所占据的比例也越来越大，为翻译中的语言应用问题打开了解决渠道，为翻译学的理论研究提供了更为广泛的指导意义，这也是未来翻译研究发展的新途径。

语用预设(presupposition)又被称为“语言先设”，其研究始于 20 世纪 70 年代的哲学界。当时不少语言学家对语义预设进行了研究，发现语义预设与语言环境之间有着不可分割的密切关系，具有明显的语言环境依赖性，并具备一定的取消性。更多语言学家认识到，预设现象不是单纯的语义现象，它的语用特征更为明显。最早提出这一学说的是德国学者弗雷格，在《意义与发掘》一书中，作者利用预设阐述了语义逻辑关系。①随着这项研究的发展，以斯托纳克尔为代表的语言学家也相继注意到预设与意境之间的内在联系，他提出预设与语言环境有关，同时也与语言使用者有密切关系。

---

① 张新红、何自然：《语用翻译：语用学理论在翻译中的应用》，《现代外语》2001 年第 3 期。

该观点认为，预设不是语句与主体之间的承接关系，而是语言使用者与语言段落过程形成的关系。①如果某一命题具有语境预设特点，那么，语言使用者不但自身对这一主题有深刻理解，同时也期望倾听者对于这一主题达到认同。也就是说，在预设条件下，能够使交流双方的信息得到共识。其后，不少学者针对预设进行研究，并将其理论应用于翻译领域。翻译的语际之间过程涉及原作者、文本译者以及译文读者这三个元素，如果原文本作者与受众之间具有相同的语言环境以及文化背景，那么作者无需对语言的附加信息作过多解释。但如果双方语言环境和文化背景存在差异，原本中的内涵信息就要进行明示，以此消除读者的理解障碍，使语际间文化交流成为现实。预设在语用学研究中属于推理范畴。语用预设在文本表面的阅读中难以进行直观推导，与语境之间存在一定联系。语用预设具有一定的含蓄性，文本含义一般隐藏在文中，或者在交流双方的意识中存在，是在双方固有的共同认知背景下形成的一系列认知活动。前者对于翻译本身的影响不大，后者则由于异域语言之间的差异，原作者的思想表达预设难以与译文读者共享，就为翻译造成了一定障碍。

语用预设的特点主要有两个：即合适性（appropriateness/felicity）和共知性（mutual knowledge/common round）。为了确保语言之间的沟通达到最佳效果，语用预设的特点发挥了重要作用。就预设本身来说，还具有主观性、单向性以及隐蔽性的特点。所谓主观性就是指具有语言判断色彩的语境预设，本身的正确性并不能及时体现。单向性是针对发话者而言的，在语言到达受众之前，只有单方存在的效果。而隐蔽性是指在预设属于语言外围的信息分布，这种信息作为语用双方共同的背景知识，可不在语言层面显示，属于言外的附加信息。如果沟通双方具有相同的语境背景，那么其"言外之意"就能够很好地传达。一旦这种情况出现，就会对翻译工作形成很大挑战，译者在保留原文本意图传达的同时，也要以最佳方式减少翻译过程中的语境丢失现象，两者往往很难达到协调统一，造成译文的遗憾。因此，对于文化预设的研究引起了译界的关注。

基于预设的推理作用，在类型划分上被界定为语用、语义两个部分。文化预设也属于语用预设范畴，是文化研究的延伸部分，所以对于翻译研究的

① 吕俊：《普通语用学的翻译观》，《外语与外语教学》2003 年第 7 期。

影响较大。由于文化背景差异，翻译者要通过艰苦的努力才能在译文本与原文之间达成文化信息传递的效果。奈达提出，文化预设指在特定环境中公众对于潜在语义的假设以及推断，这种方式在相同社会背景下具有一定的共享性。文化预设同样可以作为文本背景形式存在，并以该民族的独特审美以及共同价值观为导向。对于文化预设的研究，能够充分体现翻译的三个特色：完整性、有效性和目的性。[①]完整性是文本信息转化过程中的一项指标，能够使受众根据自身的文化经验进行译文信息的再加工，原文本与读者一般与作者具有相同的文化背景，所以对于本土受众无需作过多诠释，这就形成了文化集约利用模式。虽然集约化信息传达对部分语义进行了隐藏，但是受众仍然可以根据自身的文化认知进行补充理解。但是对于异域语言受众而言，由于文化背景差异，不会预先形成双方的文化默契，所以翻译人员要注重异域受众的文化接受能力，在翻译过程中对于语言信息要进行一定的诠释，尽量使双方的文化沟通更为顺畅。目标语读者已有的文化体验，即文化预设，可自发补充译文所缺省的文化信息。原文本与译文之间的文化信息存在两种关系：对于部分文化缺省，译者为了保持译文的特殊修辞手法，可根据目的语读者的文化体验进行适当处理。若目的语读者了解该文化信息，译者可省略之，以保证译文的简洁清晰；若目的语读者从未接触该文化信息，译者须适当补充之，以保证目的语读者了解原文本所传达的文化信息。目的语读者的文化体验能有效补充译文中缺省的文化信息。在实际操作中，翻译人员要充分了解异域受众的文化感受，对于集约化文化传递的信息欠缺内容要有科学认知。在异域受众既有的文化感受中，文化预设就能够发挥其补充作用。

有效性是指翻译研究在文化预设中的历时性。由于东西文化沟通的不断加深，不同时代背景赋予同一译文以不同的受众效应。虽然由于历史环境不同，受众对于文化现象的理解存在很大差异，然而，多种理解并不应影响译文的可读性和有效性。翻译的效果很大程度上受制于不同译者对同一文化现象的认知差异。翻译作品的效果往往因为译者和受众的不同产生认知差别。能够使不同时代背景的读者理解且接受因译者不同的文化认知而演绎出的翻译作品，就是文化预设的有效性。

---

① Nida, E.A. *Meaning Across Cultures*. New York: Rodi's Press, 1981. p.14.

目的性是指译者在译文中对作者交际意图的掌控力。翻译的目的性使译者力图对翻译方式作出最佳选择。翻译的最终目的是使译文受众对于原文本作者意图有更加明白地了解，因此，目的学说（Skopos）已经成为功能派翻译研究中的核心理论。“Skopos”源出希腊，主要含义是功能、目标、指向等，翻译是达成公众对于异域作品及文化了解的一种手段，所以也属于目的性或指向性行为。在翻译中，译者应当在目标语中反映原文本中承载的文化信息，并达到其在原文本受众中所产生的结果和影响。

第四节　认知语境下关联理论对翻译的解释

语用学研究的不断发展，使语境研究和语义研究越来越受到重视，关联理论是西方近年来有很大影响的认知语用学，它的研究领域已经远远超越了传统的语用学，而它对于翻译研究影响也是不言而喻的。关联理论的理论基础是将交际活动视为认知活动，认为言语交际是种有目的、有意图的认知活动，人类认知的根本目标是以最小投入获得最大认知效果，交际是通过信息编码和解码实现的。关联理论是斯铂佰（Sperber, D.）和威尔逊（Wilson, D.）提出来的有关话语认知和话语理解的理论。该理论认为，在语言理解的环节中，寻找关联性是其关键，这一过程需要通过推理来完成。关联理论是以语言受众为研究对象，对话语的辨别、理解进而形成完整概念的过程，以此证明人的思维对于语言交际起到的作用。根据关联理论的相关原则，人类对语言的理解是通过推理来实现的，在语言受众接收到语言信息时，往往习惯于利用自身的环境认知对语言信息进行理解，通过两种语境的关联性来进行语义补充，以此达成交流和沟通的目的。在语境约束与推理约束中，关联性的作用与其成反比。也就是说在同等环境中，如果推理过程越短，则关联性表现越明显，语境效果越大，语境的准确性也越高。①在文本翻译中，译者应当对原文本进行深入分析，这样才能实现原语境再现的准确性。关联原则中的语境效果用语用语言等效和社交语用等效解释，就是语

① Sperber, Dan and Deirdre Wilson. *Relevance*: *Communication and Cognition*, Oxford: Blackwell. 1986. pp.14—15.

用等效。由此可见，关联性在现代翻译中的指导作用已经非常明显。

格特在翻译研究中同样以关联学说为基础，他指出，人类对语言的隐含意义具有一定的推断力，这是因为关联原则在起作用。格特在翻译研究中利用关联性作出了一系列诠释，他认为，翻译是语言诠释的一种途径，译文起到对原文本意义转换的作用，在语际沟通上，人类力图寻求其中的关联性，以实现语境处理的最佳效果。①在文本诠释中，译者关联性的发掘往往决定了文本受众对于语境的发掘与感受，这样就会使译者的思维表达更加清晰，译文受众也可以投入最小的推断力获得最佳的阅读体验。译者应当将自身意图和目标意图进行融合，从而获得最佳的文本诠释。在阅读过程中，译文受众会利用四维构建出意图模型，并通过自身的文化积累对两者的关联性进行发掘，由此可见，文本受众对于原文本的诠释已经多于对原文本的理解。所以，译者应当在翻译过程中遵循关联性特点，在对原文进行含义解构后，还要准确地传达原文本的创作意图，同时也要对目标语受众的文化背景进行了解。在保障译本准确传达作者意图的同时，也使语境效果充分发挥出来。这样既可以获得语境效果，同时又满足了译文受众的阅读要求。但是每当两者不能兼顾时，译者应当以关联性为标准，根据语用需求选择最佳翻译方式。基于译者对文化背景与语义内涵的理解，力图使其与译文受众产生关联，也就是说，译者要对受众的文化背景进行全面考虑，在达到受众最佳阅读效果的同时，实现翻译的等效作用。

赵彦春在《关联理论对翻译的解释力》一文中，将翻译定义为“对原语进行语内或语际阐释的明示推理活动”(an act of ostensive inferential intralingual or interlingual interpretation of source text)，并在关联翻译理论框架下，提出了关联理论翻译模式。这种模式“就是对阐释过程或行为(processor act of interpretation)进行描述或解释，换言之，就是建构翻译的语法体系(grammar of translation)”。②由此看来，译者为获得语用等效而须遵守关联原则。依照关联原则，译者理解原文本关联传达原文本时，要了解译文读者的认知环境，所提供的译文既符合原作者的意图，达到最大的语境效果语用等效，又满足译文读者的期盼，减少译文读者所付出的努力。但是当

---

① Gutt, Ersnst. August. *Translation and Relevane: Cognition and Context*. Oxford: Basil Blackwell. 1991. p.22.

② 赵彦春:《关联理论对翻译的解释力》,《现代外语》1999 年第 3 期。

译文不能两全其美时，译者要遵守关联原则，根据原文本的语用因素选择译文的翻译策略，对译文读者理解明示信息和推导暗含意义进行引导和制约，使译文与读者现有的知识背景发生联系，换句话讲，译者要考虑译文读者的文化标准与语言规范，将原语语言文化纳入译语语言文化范畴，为译语读者顺利理解原文扫清障碍，获得语用等效的目的。

在翻译界，关联理论被视为与大脑思维相关的推论过程，是语言交流的具体实施行为。在此理论基础上，翻译可以被视为不同语言转换中的推理与阐释行为。为了达成预定的交际效果，应当根据理解需求确定其阐述意图。关联性不但与语码转换相关，而且还需要根据语境的动态发展进行合理推论。翻译的交际属性决定了其翻译过程中对语码的选择依据并受制于关联性。

在语言沟通中的内容、语言含义以及各种潜在台词，都能够使受众形成各不相同的理解。但是受到语言环境以及语言表达方式的影响，在某些情况下，倾听者不一定会完全掌握话语的真正含义，这种方式更倾向于用单一、规范化标准进行语言诠释。这种准确性主要体现在倾听者的语言选择、确定上，这一标准即可视为关联性的表现。所以，在语言关联性的展示上，应当在交际中展示其优越性，这就是关联交际的本质含义。在关联性的选择上，倾听者更倾向于以最经济的思维方式获得更佳的语境表达。所以，倾听者的交际关系与语境最大相关关系并不明显，而是在语言拓展与语言内涵发掘中找到最大相关关系。如果语言的转换达到了最佳语境效果，而倾听者的接收效果良好，这就能够显示出原文本与译文之间的最佳关联。

依据关联理论，我们可以把翻译看作一种交际活动。格特认为与关联原则相符的语境暗示与讲述人所要表达的意图共鸣时，即达到了成功的交际，达到了对于原作的忠实反映。①在此，我们应该强调指出，成功的译文只能是：原作者的目的和受体的要求在认知环境相关的方面与原文相似。由于翻译不同于一般的交际，它所涉及的因素比较多，如语言、文化、心理、艺术等等，所以它并不排斥一般的规则，尤其对于笔译来说，在完成推理、决策之后，实施语码转换时，有一定的翻译原则或准则可以避免盲目性，只是译

① Gutt, Ersnst. August. *Translation and Relevance. Cognition and Context*. Oxford: Basil Blackwell. 1991. p.44.

者要根据关联性灵活地使用这些规则。根据关联理论，翻译活动也是一种三元关系的译事，是原作者、译者和译文读者这三个交际者之间通过原文本和译文之间进行的交流活动，这与传统的二元译论（原作者和译者）有本质的差异。前者充分考虑原作者、译者和译文读者之间的交流，考虑译文读者的认知语境和阅读反应，考虑译文的交际效果，以及考虑译文在译语环境的可接受性。这是因为原作者的认知不可能等同于译者的认知，译者的认知也不可能完全等同于读者的认知。而后者认为译者必须完全再现原文本的语义，没有考虑译者自己的认知能力和认知环境，不考虑译文在译入语环境的接受性，也不考虑译文读者与原文本直接读者之间的文化差异和阅读期待。这种三元关系的翻译活动实际上就是语用翻译。根据关联原则，任何一个交际行为都传递着最佳相关性的假定和期待，倾听者总是以最小的认知努力来获得最大的语境效果，并以此推导出讲述人的交际意图。关联理论把翻译看作明示推理的交际过程，在这一过程中，译者既要充分利用自己认知语境中的各种信息知识，找出其中蕴含的最佳关联，通过推理，彻底理解原文含义，又要考虑到译文读者的认知能力和接受能力，提供最大的关联度，求得最佳语境效果。所以最佳关联性是译者力争达到的目标，也是翻译研究的原则标准。译者处于原文本作者和读者之间，担任着双重角色——相对于原作者而言是一个受体，同时相对于读者而言，又是一个讲述人，他的任务便是既要正确推理出原作者话语的关联性是在哪个层次上得到体现的，又要尽量在译文中将这一层次的关联性准确表达出来，以保证译文读者能同样正确地在同一层次推理出译文的含义。也就是说，译者应尽量保证关联性所体现层次的对应。同时，还应考虑到，原文读者推理原文话语意图过程中，付出的推理努力与得到的语境效果所达到的关联度，是否与译文读者推理译文话语意图过程中付出的推理努力与得到的语境效果所达到的关联度相一致。与原文读者理解原文话语意图的推理过程相比，译文读者在理解译文话语意图的推理过程中，是否付出了更多或更少的推理努力，获得了更多或更少的语境效果，从而导致关联度的大小增加或是减少。

成功的译文是原作者的意图和目标读者的期待在认知环境相关方面与原文取得最佳关联，这样能帮助译文读者更好地理解原文意图。译文正是依据意图和期待进行取舍的：译者从原作者明示的交际行为中寻找最佳关联性，再把这种关联性传递给读者，即译者把自己的理解传送给读者。大多情况下，译文和原文本只是在相关方面等同，在保证交际成功的前提下，译文应尽可能向原文本靠近：使话语本身具有最佳关联性，使译文和原文本最大程度地契合，达到逼真境界。

关联理论将翻译视为语境的推理交流过程，在这一阶段，翻译者要以自身的语境积累找到最佳关联表达，通过语言推理，深刻分析原文本的语境含义，同时也要注重读者的接受能力和消化能力，使最佳关联度得到充分体现，从而实现更为精准的语境效果。因此在翻译实践中，关联性是译者应当努力实现的目标，同时也是翻译学术中应当遵循的基本准则。译者是原文本作者与译文读者之间的一条纽带，并且有在文本传达中起到双重作用：对于原文本作者来说，译者是文本的第一受众，但是对于译文读者而言，译者又是语言文字的表达者，他不但要找到原文本的关联性，而且更要在译文中体现最佳关联性的运用，这样才能保证译文读者在阅读过程中合理推断出作者的用意。由此看来，译者在作品关联性的把握上要对层次对应有所把握。同时，译者也要在翻译过程中注意读者反应，力图实现语境关联度的最佳体现，在读者的阅读认知中，是否与译者的翻译意图达成一致，这样才能充分体现出语境效果的实际价值。与原文本读者对作品的理解过程相比较，译文读者对译文的理解以及内涵提炼，是验证翻译效果关联性的重要体现。

不同语境效果的获得，与关联度的大小密切相关。成功的翻译作品能够在原文本与译文之间达成最佳关联度，只有这样，译文读者才能在阅读中把握原文本含义。译文以翻译需要对关联度进行选择：译者以不同交际关联在翻译中确定最佳关联点，从而使读者得到更为形象的阅读体验，这一过程也是译者将自身理解传递予读者的过程。多数环境下，文本转换在相关性上有一致性，在确保信息传递的基础上，文本之间的侧重点应以尽量重视原文本为前提，即注重语言之间的关联度，使互译文本之间达到形神兼备，具有一定的契合性，从而实现更为精准的翻译效果。

译事之难，在很大程度上来自两种文化背景的差异。由于原作者、译者以及译文读者之间存在着明显的文化背景不同，所以这就对译者的语言能力提出了更高要求。译者要有扎实的双语能力，而且还要对两种语言的文化背景知识，尤其要了解两种语言民族心理、宗教差异、民俗历史、宗教文化以及地域风貌等一系列因素。只有对这些文化背景具有深刻了解，才能充分发掘原文本的信息内涵，对于原作者的交际意图才能够有更加明确的把握，在此基础上才能重现原文本的语境和作者的意境，实现读者与作品之间的互动共鸣，从而使原作者的思想能够精准地传递给广大译文读者。

学界普遍认为，原作者在进行语言创作的同时，会充分考虑读者的语境认知能力以及接受力，这样才能使自身意图通过语言描述得以传达。①假如原作者对于读者在某方面的认知理解持怀疑态度，那么在语言描述上原作者会更为详细，反之原作者将会简略不必要的细节阐述。读者通过语言文字的沟通，获得了更多的知识和感受，同时也积累了更多的语言经验，在这一过程中与原作者实现了思想的共鸣，甚至会因为原作者的语言影响而改变价值观，这就是语言、文字表达的强大感召力。

翻译研究主要针对译文意境表达、译者对原文本的解构以及译文内涵发掘展开，两者的研究对象具有一致性，都是以语言运用和语言表述为重点。现代翻译研究主张在动态的语境环境中发掘原文本的内涵信息，不要求字词上的高度对应，但是对读者的感受是否趋同于原文却有较高要求，这种翻译转向与人们对待语言的观点有密切关系。综观翻译理论的沿革，可以看到翻译理论的建立和发展都离不开其他学科的支持和互补。从语言的结构研究到语言功能研究，发展到后期的符号学，直至语用学的广泛应用，不同层次的语言研究得以深入开展，这些都为翻译研究提供了更为新颖、实用的理论依据。

---

① 张新红、何自然：《语用翻译：语用学理论在翻译中的应用》，《现代外语》2001年第3期。

第二章　法律语言的文化属性及翻译

语言是人类最古老的纪念碑，是人类传承文明、保存历史的主要手段。从古到今，许多思想家都充分注意到了语言与历史、语言与文化的联系。从使用功能上来说，语言是人类沟通交流的工具，能够传递人们的思想和表达观点。在欧洲学术界，很多结构主义者很早就对语言进行了定义，认为一方面语言是人类实践的产物，另一方面它是一种实践模式。语言在人类的实践中产生并不断完善，反过来又对人类的实践产生决定性的影响。学界也另有观点认为，语言就是人类的社会系统和文化系统，虽然看不见摸不着却可以主宰人类的发展，影响人类历史。人类的语言并不是简单地把特定的事物赋予特定的名称，其最大的成就在于创造了很多普遍概念，让人类在思考沟通时具有重要的凭借。

法律意义基于语言的建构，通过语言的社会功能实现法律之治。它首先以常规语言为基础，只有通过常规语言才能将法律的内涵清楚地表达出来。因此，翻译法律语言会涉及语言和文化两方面，在翻译中对语言形式的转换同时又兼顾文化内涵的传递成为法律语言翻译的一个重要视点。

第一节　法律语言及其文化属性

法律语言有不同的社会属性，与其他社会方言并无差异。它是人们受环境、文化及交际需求的影响，根据不同的目的和不同的对象长期使用形成的一种特殊功能的语言变体，准确地说法律语言是一种语域变体(register)，或称为行业语言。从广义上看，其是指法律工作者在进行法律相关工作过程中所使用的法律习惯语言，是法律学科和语言学科相结合的产物。

对法律语言最早的研究始于亚里士多德和西塞罗等人的修辞学。在一个国家或一个民族区域内，法律语言以社会方言为基础，随着法律科学和法律实践的深入发展而逐渐形成，其服务于法律活动，且具有自身特点。在20世纪80年代，语言学得到快速发展，许多和语言学相关的学科也由此诞生。随着时代发展，语言学的作用也越来越明显，而法律与语言的交叉运用，也成为人们研究的一个热点。在20世纪90年代，英国第一次举办了法律语言学研讨会，后由英国政府组织成立了法律语言学家协会。德国随之也成立了法律语言学家协会，并创办了学术杂志《语言与法律》。英美等西方国家的语言学家及法学家相继发表了有关法律语言的专著和论文，法律语言从而在学术界奠定了其学科地位，法律语言的研究也开始在全世界蔓延。①

不论是从法律形成的历史沿革，还是从法律的未来发展前景来看，语言在这个过程中都扮演着极其重要的角色。英国著名哲学家大卫·休谟认为："法与法律制度是种纯粹的语言形式。法的世界肇始于语言，法律是通过词语订立和公布的。法律行为和法律规定也都涉及言辞思考和公开的表述和辩论，法律语言与概论的运用，法律文本与事实相关的描述与诠释，立法者与司法者基于法律文书的相互沟通，法律语境的判断等等，都离不开语言的分析。"②

通过语言这个载体，处于观念形态的法律才得以深筑在国家政治制度的架构中。许多法律的概念最初都是抽象的，存在于人类的思维形态中的，凭借语言的描述才得以保存下来。由一个观念想法变成了一个实体，由抽象概念变成了实物，可见人类可以通过语言这个工具载体对法律进行表述、解释、传承。从这个观点上看，法律语言的使用或者更改不是简单的词语选择，而是关系到法律根本的文化意义。所以，自古流传下来的优秀法律语言，无不体现出对法律语言的认知和对本民族优秀法律文化的记载。美国法学家埃尔曼(Henry W.Ehrmann)在对法律移植进行研究时，谈到了法律文化的性质，他认为对于法律文化本身而言，它与长期以来的历史习惯密切相关，甚至可以说它是一个国家长期以来的生活习惯、思维方式和宗教伦理的沉淀，这也就使得法律具有一定的民族和地域特征，因此法律移植是部分

---

① 刘愫贞：《中国法律语言的渊起》，载法律语言学研究网 http://www.flrchina.com/research/ch/001/ch025.htm。

② 徐运汉：《法律语言运用的有益探索——评〈法律语言运用学〉》，《法制日报》2004年3月18日。

制度在文化中的转移。法律文化是文化环境中的“次级制度(subsystem)”。①以汉族为例,自古以来汉族的法律语言就是中华民族特有的法律文化集中体现。比如封建社会的社会制度、古人的思考方式等文化因素都对汉族法律语言有着深刻影响,由此也产生了一大批法律用语和法律概念,这些法律概念也是对法律文化的保存记载。具体来说,中国古代封建社会的法律常以“禁令、刑罚、命令”等表现形式存在,而在法律语言中经常流露出杀戮之气,比如说,我国古代法律中的刑罚中,有腰斩、凌迟、车裂等等词汇,还有如律、五刑、八议、录囚、比、令、科等等,这些词汇都充分体现了我国古代法律文化的特性。②有些概念看了让人毛骨悚然,当然这也是中国古代传统法律文化的一个体现。通过这些独特的法律语言,时代久远的法律文化得以记录并保存下来,许多精髓甚至还沿用至今。当然,法律语言不是永恒不变的,同一个词不同的朝代也许有不同的理解,这是中国古代法律语言不断变化的过程,一些法律的概念会在不同的时代有着差异,反映出中国法律文化的动态发展,通过法律语言可以找出发展变化的痕迹。潘庆云对我国汉语法律词汇发展进行了陈述,他认为其发展过程实际上属于一个新陈代谢的过程,一些要素随着时代发展不断消亡,而新质要素却在不断地产生和注入。③

法律语言不仅体现出法律文化的时代特征,同时也是法律思维的体现。人的思维是对客观世界的主观反映,而这种反映要表达出来必须通过词汇和句子完成。语言就是人类思想、思考内容的外在表现形式。美国语言学家萨丕尔指出,语言与思维之间具有密不可分的联系,从某些特定层面而言,它们具有高度一致性。④所以从语言学的角度看,法律语言与法律文化关系紧密,沟通两者的桥梁便是法律思维。在法律范畴内,特定术语对法律思维起到决定性影响,因为法律思维必须依赖法律语言才能进行表述,通过语言对其用相关专业术语阐释,对个别事实用法律语言进行准确的评价,并通过文字形式进行记录。语言赋予法律以具体的内涵,塑造着法律的形象,

---

① [美]H.W.埃尔曼:《比较法律文化/比较法学丛书》,贺卫方、高鸿钧译,生活·读书·新知三联书店1990年版,第16—22页。

② 刘愫贞:《关于法律语言与法律文化的窥见》,载新浪博客网 http://blog.sina.com.cn/liusuzhenlaoshi。

③ 潘庆云:《跨世纪的中国法律语言》,华东理工大学出版社1997年版,第35—37页。

④ [美]爱德华·萨丕尔:《语言论》,陆卓元译,商务印书馆1985年版,第10页。

同时也赋予了法律特殊的强制力和权威性，能够有效制约公众的行为与价值取向。①法律思维从本质上也体现社会性，当然也是通过语言这个媒介得以实现，语言能够传达出法律的价值判断，形成一系列法律概念、法律逻辑，为法律行为提供了思考交流的途径。语言的意义性和交际性成为法律与民众之间的桥梁，只有借助语言符号法律才能被民众所理解，才有可能使法律成为制定者和民众所有人共同的行为准则。可以说，在法律的起源与发展过程中，语言起到了决定性作用。

在西方，有的研究者分析了语言与文化中能指所指对应系统理论，运用该理论对法律史、法律文化进行了新的解读。法律语言的词语流变、语义更迭，本身就记录了法律文化的演变过程，但是与传统的法律文化研究中注重对法律制度变化的研究不同，注重对法律语言演变的研究能更好体现出当时人们的思考方式、价值观和世界观。以中国司法界为例，源于"以人为本"理念的倡导，中国的法律语言也在不断地更新，体现出更多人性化因素。浙江省颁布了《归正人员帮教办法》条例，在这项法规中可以明确看到，以往使用多年的法律术语例如"释放人员"这些特定称谓，已经被"归正人员"所取代，从这一细节变化中，已经可以看到法律领域的人文关怀。还有，云南省昆明市检察机关对起诉书进行许多新的规范，例如在嫌疑人行为描述中，以往"十恶不赦""灭绝人性"及"流窜"等主观法律术语已经被取消。在确定犯罪嫌疑人罪名时，也改变了以往"构成"某项犯罪一词的用法，进而采用"触犯"某项法律一词代替，同时还有"惩处"一词被"判处"所取代，对城市流浪乞讨人员由"收容遣送"改为"救助管理"，而"从严从快、严厉打击"之类的词语也不再使用。②

不仅如此，语言学还可以成为司法领域一项重要的技术。在亚里士多德时代，法律术语已经被纳入修辞学范畴，而且学术界对于法律语言的研究也从未中断过。20 世纪，在国际语言学研究方向转变的大环境下，我国法律界也开始关注法律语言的研究转向，比如运用语言学来解决司法领域的问题，这就让语言学成为一项非常有实际应用价值的技术。具体来说，就是通过方言、语言和文字来确定人的身份。利用语言统计技术，可以对违法嫌

---

① 王健：《沟通两个世界的法律意义：晚清西方法的输入与法律新词初探》，中国政法大学出版社 2001 年版，第 1 页。

② 石劲松：《法言法语的变迁》，《人民日报》2003 年 1 月 15 日。

疑人进行测谎。通过书面或口头话语分析，可以对犯罪嫌疑人和相关涉案人员的语言特点进行甄别，判断其话语的真实意图或动机。另外，通过词语、句子和文章的分析可以准确把握法律文件内涵。与此同时，研究者也展开了法律语言与多种学科的交叉研究，除了法律语言方言学、法律语言语义学、法律语言语用学、法律语言修辞学、法律语言语音学等语言学层面的研究，研究领域亦拓展到了法律语言哲学、文学、逻辑学等范围。

在西方，法律语言学发展的重要转折点之一就是法律语言的研究成果在司法实践中的正式应用。法律语言学已经直接参与到案件审理过程，给予司法实践强大的动力。法律语言学的研究对象包括法律事务中涉及的语言行为，其中法庭语言的丰硕研究成果已直接服务于整个法律活动。在英国、美国等西方国家，许多语言学家的研究重点从法律语言特点转移至法律语言在司法程序中的具体应用。在法律活动中，语言专家的专业权威性已得到确认，其研究结果得到法律界的普遍认可。司法界和政府也为法律语言学研究广开绿灯，例如司法语言材料的收录、庭审录像材料的复制、最新案例语言分析等。

在法学界，尽管语言对于法律的意义已得到承认，但语言在法学研究中一直被视为一项技术来研究。近代语言学的发展，使法律语言的特性在法典中有了更为明确的体现，这一现象也引起了相关学者的关注。纵观整个法律发展过程，语言起到了决定性作用。不管以后社会如何发展，其法律的形式、理解和运用都必须借助语言来实现。换句话说，语言是贯穿于法律多元层面的重要媒介。法律语言对法律起到规范、推动、落实的作用，同时受到法律制度、法律文化的不断变化影响，又反过来丰富了法律语言形式，完善了语言内容，促进法律语言的更新发展。法律语言规范着法律，发展着法律，也实施和实现着法律；另一方面，法律制度、法律文化的产生和发展，又丰富和完善了法律语言的形式和内容，促进了法律语言的发展。

有关法律语言的定义还有许多，在英文诠释中，法律术语专指在法律事务中使用的专项语言，本身具有特定的法律指向，同时也涵盖了具有诉讼意图的公文语言等。随着时代变迁，法律语言与逻辑学之间建立了紧密关系，对于书面语言的运用较为注重。到 19 世纪，由于受到法律分析实证主义的影响，法律被看成一个封闭的体系，没有主观、道德或是政治上的色彩。在研究中，这种思想影响仅局限在法律语言的语法结构中，其最终目的定向于一套“普遍语法”。法律语言学家古德里奇(Goodrich)持有一个观点,法律语言独立于语境且自成体系。①具体而言,若法律文本已经存在,则其意义也就存在,对文本的解读便可知晓。通过此一阶段研究,法律语言词汇的特征得以确定,但这种研究方式把法律语言学限制在一个纯粹的符号系统中,似乎这个系统就产生了独立的句子,实际使用时可不受心理因素、社会环境因素等外界影响。因此,对法律语言的研究仍然局限于语言范畴,依赖于语言学的研究和成果。

法律语言研究的第三个阶段,则超出了传统法律语言学侧重语言结构的特点。这一阶段的研究参照了社会学、人类学的研究方法,从不同的视角对法律语言的文化意义进行探讨。在这方面工作比较著名的是美国西北大学研究教授里威(Levi),他将法律语言的研究领域划分为六大板块:社会语言学、心理语言学、语用学与篇章分析、语义学、词法与句法、语音学与音系学。以里威的观点,语用学和社会语言学对法律语言学的形成发展有着巨大的贡献。②在语用学研究当中,学者们把研究的侧重点从语音、语法和词汇等方面转移到对语义的研究,以及在具体的语言环境中如何理解语言。社会语言学侧重对语境的分析,着重对说话人、说话环境、说话对象等因素分析,可以得出仅对语言本身进行分析所得不到的结论,这一研究路径在本质上体现了结构主义的世界观。

目前国内法律语言研究主要有如下观点:第一,法律语言的应用范围包括从制定到运用的全过程,从而构成完整的法律语言文字表意系统。第二,在同一语系民族中,法律语言具有实用性和通用性,尤其是在立法和司法解释中。第三,在以全民族共有语言为基础环境下,形成以立法需求为特色的专业性语言。上述观点均强调了法律语言的特殊性,并且体现出语言的专业特点。毫无疑问,法律语言属于语言的范畴,但如果仅将法律语言的适用范围限制在法律活动中,对法律语言的定义就过于狭隘。因为随着社会的不断发展,法律语言适用范围也在逐渐扩大,不仅仅在立法、司法等与法律相关领域,在行政、经济等领域适用范围也会逐渐拓展,使用对象也不再限制在立法、司法领域,还应包括行政管理、经济活动和法律教

---

① Peter Goodrich. *Legal Discourse*. Macmillan Press. 1987. pp.39—40.

② Levi, Judith N. and Anne Graffam Walker. Language in the Judicial Process. *Contemporary Sociology*, 20(6). 1991. p.926.

学研究，所以对法律语言定义的理解应为：在自身民族语言的框架内，在立法以及司法解释及一切运用法律专业术语领域中的符号表意系用以诠释特定的法律含义。

随着学界的不断深入探讨，法律语言的研究已经引入了修辞学、逻辑学、心理学和哲学等多种学科，以不同的角度不同的研究方法丰富了对其的理解。20世纪以来，西方学术界，尤其是语言研究领域受到语言学发展的重大影响，被称为语言学黄金世纪。而法学在这一阶段，也不可避免地融入语言的研究发展中，其中不少崭新的学科分支脱颖而出，获得了令人瞩目的研究成果。在语义学与修辞学的发展过程中，法律解释学也在同步完善，语言学在这些发展中所提供的智力支持不容置疑，故而有“法学的语言学转向”之称。①这种发展趋势动摇了传统语言学中的一贯观点，在发展过程中语言学不断被解体、重构、组合，继而形成了法律语言的全新革命。在以往法学观点中具有这样的认知：首先，法律语言应当具备精准的语义诠释，并且具有唯一性。第二，法律应该与社会道德观、文化观脱离。而针对第一点，解释学强调语言理解过程中存在“前见”与“偏见”。第二个观点强调了法律术语的特指性，在内容指向不确定的前提下，法律术语的运用应当根据语境作出调整。概而言之，法学的语言转向有以下三方面：第一，从语言分析哲学到语义分析法学。第二，在修辞学的基础上对法学思想进行界定：这是一种变革的具体体现。第三，从逻辑学到法律解释学：这是对司法解释及法律术语的二次认知。上述三点均体现了法律文化语境与法律语言的相互依存的关系。

第二节 法律语言翻译中的文化整合

当今经济全球化进程中，各种文化交流与日俱增，不同学科的研究重心也出现了转移。社会科学如文学批评、翻译理论、哲学思考等研究视角均发生了转移。如以人文为关怀的非理性转向及以文本为基础的语言论转向，

① 常安、朱明新：《法学的语言学转向及其对我国法律语言学研究的方法论启示》，《琼州大学学报》2003年第3期。

这些转移有从人文关怀的感性化向文本规范的理性化研究转变，在素有语言关怀传统的翻译理论领域则表现为“文化热”在翻译界的兴起。在文化语言学的角度观察，法律语言是记录法律文化的载体，又是法律文化的表现形式，是法律文化的一部分。法律语言对法律文化的发展过程起到重要推动作用，比如拉丁语对罗马法文化，英语对普通法文化的发展均有着至关重要的作用。也正因为有这些法律语言的运用，才使不同的法律概念得以形成，不同的法律制度得以建立和法律法规得以执行，同时也形成了相应的法律文化，并使法律文化的精髓得以保存至今。可见，规范的法律语言包含着富有内涵的法律词汇，凝结人类思想的光辉，是人类文化精神的依托。

法律语言的差异性表现，主要是语系的独立性以及专业性，这些都是与普通语言之间的明显不同。在文化的差异上则表现为多层次的。在广义范围内，这种差异对法律文本的翻译起到了重要制约作用。在法律文化的拓展与研究中，我们的研究目标不是法学，也不是语言学本身，而是两者之间的关系，是如何在不同的法律文化环境下使用语言的问题，同时也能为未来法律文本的翻译开辟新途径。这项研究的重点，已经提升到文化环境的研究与法律文化的研究层面。由于法律语言是一定文化背景下的表意符号，法律语言自然会呈现出不同的法律文化焦点，在法律文化与语言文化的融合交汇中，习得一般法律语言的同时也习得法律文化，在翻译中语言转换的同时必然应兼顾其文化转换。

翻译过程涉及多个层面，有原作者与环境、原作者与原文本、译者与原作者、读者与译者等多重关系。原作者写作是通过自己在现实生活中获得的感悟和体验，而译者和读者也是凭借自身的生活体会来阅读来理解原文本，但是一般不会脱离原文本太远。原作者与译者总是会受到诸多因素的制约和影响，因为其不可能脱离周围的文化环境独立存在。译者在翻译的过程中必然无法避免自己认知中深深的文化烙印。把翻译研究置于广阔的文化研究语境之下，仅仅解决翻译过程中一些简单的技巧是远远不够的，译者的思维方式、价值观念、审美取向、翻译目的等文化因素必然要纳入译者的翻译行为中。译者所面对的不仅是不同的语言形式，更是在语言中的文化内涵信息，因此如何准确地传递文化信息、解释文化差异、避免文化冲突并促进文化融合是译者所肩负的历史使命。

法律的发展史表明,“法律一开始就明显不仅仅是法律问题,而同时也是政治问题、社会问题、历史问题和文化问题”。[①]在宽泛的意义上说,法律文化涵盖了与法律相关的政治制度,历史文化传统,习俗及伦理观念等。译者的认知世界则是由上述体验组成的主观世界。在法律翻译中,不可避免地要考虑到文化和社会背景,而且这些因素都将对译者造成主观影响。所以在翻译法律文本的过程中,不仅要注意语言的特殊性、语法的特殊结构,同时,还要对原文本法律的分类及渊源、法律条文的内容及释文,尤其是制定法律的政治背景、环境因素以及中西方在法律文化上的差异有清晰的了解。译者是译文的创作者,在翻译时要统筹考虑各方面的因素,因为译者是交际的核心。沙尔切维奇(Sarcevic)持有这样的观点,法律语言的翻译同样覆盖了法律范围内的交际需求,是不同诉求者对于双方达成沟通交际的必要过程。具体来说就是立法者和解释法律工作者之间的交际。而法律翻译则是法律原文与译者、译者与读者之间的交际。前者是对法律文本的创立与理解,后者是对法律文本的解释及读者的接受。将法律语言的翻译视为一个完整的沟通过程,就是将原文本、译文、译者以及法律使用者有机结合,形成一个互为作用、相互影响的过程。以读者为中心(receiver-oriented)的法律翻译中,对法律专家和外行者的翻译是有差异的。其次,法律翻译是法律转换和语际转换的双重操作(a double operation consisting of both)。因此,必须将法律翻译的语言转换与文化转换分别对待,并在翻译时有的放矢,使用不同的翻译方法。沙尔切维奇还认为,在法律翻译中,存在着语言与法规双重转换机制。所以,翻译法律语言时应灵活运用语言转换和文化转换,根据不同的语言环境不同文化采取不同的翻译方法。[②]

日本法学家千叶正士指出,法律是多元化的文化组合和提炼,在不同的文化环境以及社会背景下,同样的法律术语所表达的意义可能有截然不同的含义。[③]若对法律语言仅通过法律条文内部研究的方法来,则该研究顶多只是注释法学的一个学科分支,而不能构建自身的学科体系,也就不能关注

---

① 吴伟平:《语言与法律——司法领域的语言学研究》,上海外语教育出版社 2002 年版,第 3 页。

② Sarcevic, Susan. *New Approaches to Legal Translation*, The Hague, Kluwer Law International, 1997, pp.2—4.

③ [日]千叶正士:《法律多元》,强世功等译,中国政法大学出版社 1997 年版,第 30 页。

到社会文化土壤基础上所构建的法律制度，更不能提供研究社会现实的理论资源。分析研究法律语言的文化意义，主要是通过挖掘我国社会的固有资源和追寻西方社会法治形成过程，借鉴学习这些制度构建过程的经验，去探索理解深藏在西方法律语言背后的法律精神，并在翻译时表达出与中国社会实践相符合的法律语言。另外，还要借助法律语言对法律文化的整合作用，发挥其对构建和维护法律职业共同体同一性的积极作用，促进社会对法律权威形成普遍认同感。

法律文化的整体构成中，法律语言是其主体，从语言学层面而言，语言与文化之间具有密不可分的关系。文化是通过语言来传达的，语言是文化的必要载体，同时也是文化发展、推进的表现形式。所以世界各个不同国家，或是同一民族不同朝代的法律语言都有所不同。语言学家奈达指出，文化与语言之间的关系是错综复杂的，在某些方面语言对于文化的反映最为直观，尤其是在语言的可选范围上，即词汇的分类以及篇幅的划分上，都确定了语言在翻译中的优先使用范围。[1]语言作为一种特定符号，代表了民族文化、民族思想，可以记载从古到今各种文化现象。词义是语言系统中最基本的单位，既表达具体的内容，且形式多样，同时受文化氛围影响。可见文化因素不单对法律，对语言的影响也是深远巨大，从另一个角度上看，法律和语言都是属于文化的一部分，文化反过来又对其产生影响，这就可以解释不同的民族、不同地域、不同朝代都有不同的法律系统，如我们的法律语言就是中华民族独特法律文化的产物，承载着中华法律文化的精髓。若要深入了解某个法律体系，就要研究该法律体系的文化背景，不能孤立分析语言结构本身。对法律文本中某些特定的概念、词汇，如果都是从字面上来理解，往往会造成对这些概念词汇误解，此时只有追本溯源回归当时社会的法律文化背景，其不确定的含义才得到准确表达。因此，译文的语用交际功能在转达信息过程中的重要性不可忽视，甚至较语言技能更为重要。发挥法律语言翻译中的文化语用交际功能不仅暗示了法律文化与法律语言使用之间纷繁复杂的关系，也显示了对两者关系进行研究的科学价值与理论难度。

---

① Nida, E.A. *Language, Culture and Translation*. Shanghai: Shanghai Foreign Language Education Press, 2001.

第三章　法律语言的形成及术语内涵差异

作为一种跨文化的交际活动，法律语言的翻译涉及不同法律文化的差异。在法律语言的翻译过程中，既要考虑其特殊的文体特征，还要对法律的分类、渊源、法律条文的内容及释文，尤其是制定法律的背景及中西方国家在法律文化上的差异有所了解。法律语言翻译的过程也是对上述各个方面信息重建的过程。在文化语境框架下探讨法律语言翻译，不仅要认识中西法律特定概念、法律体系、法制功能、法律制度、法律程序的差异在语言中所折射的文化信息，而且要从词汇、语法、句型结构等文体特征的层面，来认识法律语言及其翻译，体现语言及文化的融会贯通。

第一节　英语法律语言词源分析

法律语言这一术语源于西方，在英语文化的定义是用科学的表述阐释法律概念，然后将这些概念应用于法庭诉讼及其他需要法律语言的行为或活动。在语言的其他层面，法律语言具有自己的术语、文句及特定的法庭诉讼语言。从英语词汇、语法、短语及句型结构和习语等角度来表达的法律内容均称之为法律语言。认知语言观认为，语言本身是一种符号，并不能直接传输外界的事物信息，只有通过人类对世界的认知才使得语言符号起到了认知世界的作用，语言是由客观世界、人类的行为及表达、社会文化及其语用因素互动所构成的象征符号系统。作为一种语言功能变体，法律语言是法律文化的产物和载体。法律学科的特点体现在对人类在政治、经济、科学和文化诸方面强有力的规范和调节作用，因而法律语言在此过程中就逐渐形成了自身特有的语言规范和语体特点。认知语境下的法律语言特点可以从词汇、句法选择和语篇结构三个层面来考察。

法律语言的翻译首先是一种双语研究，包括语言和文化两个范畴。语言层面的研究者们注重于语言的相关性及语言系统的特点和差异，而文化研究者们则注重的是文化间的差异，尤其是法律作为文化的分支之一本身的异同问题。因此，文化差异对于法律语言的翻译起到了一定的制约和束缚。同时，在翻译法律语言的过程中，必须要把握好两个层面的语境，一个是情景语境，另一个则是文化语境。这也就是说，在实际翻译法律语言时，要充分结合这两方面的语境去完成翻译过程，这样就可以在很大程度上减少"翻译的脱节现象"出现。①

众所周知，语言和文化是紧密相关、不可分割的，词汇所具有的不确定性使其需要在一定的语境环境下才能得以正确地理解和交流。实际上，语言相关的语篇都和语境有很大的关联性。在法律文本的翻译过程中，法律概念和法律词汇所处的文化背景不同，所表达的含义也就存在一定的差异。因此，在翻译法律概念和法律词汇时，要充分结合法律文化语境，才能更加贴近目标语言的文化特征。本章将着重讨论法律词汇翻译中文化及语境的重要作用，同时也尝试性地探讨法律英语词汇的起源及应用。

从语言的角度看，不管是什么专业领域，其词汇大多数基于日常用语，但是其特定的专业术语和行话是该领域行业长期发展所形成的。法律语言亦是如此。法律英语中专业术语多属于外来词汇，甚至是古今结合，沿用英语早期法律用语作为法庭和上层社会的专门用语。在英语语言中包含有大量的拉丁语和法语，与英国历史上把语言作为阶级划分和阶级统治的重要手段有密切关系。虽然不同国家的移民和分支带来各自的语言特点，但在英国，拉丁文被视为教育的基础，而法语更被视为西欧上流社会的标志。可见，英语中的"法言法语"反映了其深刻的历史渊源。

从法律语言的来源分类来看，第一类是中古时期的英语，因为很多词汇已经过时，使用频率已较低；第二类是拉丁语和法语词汇；再有一类就是现

① Neubert, Albrecht & Gregory M. Shreve. *Translation as Text*, The Kent State University Press, 1992. p.17.

代通用的正式法律语言，也是法律语言翻译使用的主体。

一、中古法律用语

古英语是公元 1100 年之前英国人使用的语言，而中古式英语则是公元 1100 年至 1500 年间的古体词式英语。法律英语作为书面语言需要正式而规范，因此古体词在法律英语中已经较少出现了。法律词汇的谨慎选择是为了保证其条款内容的严肃和庄重。可以说，法律是随着国家的产生而出现的，两者几乎是同时存在的，因此将古体词运用在很多法律条文中具有特殊的意义，最大的意义就是赋予了法律语言一定的神圣性和权威性，这样使用法律来解决各种问题的过程就显得更加正式和规范。

任何国家的法律条文在翻译时都要注意其民族之间共存的词汇及习惯用法，汉英翻译亦是如此。比如说，针对各种正式问题所签订的条款或合同，在其前言部分都是选用“wherea”作为开头，而结束部分则是以“in witness of”作为收尾，翻译为汉语相当于“鉴于”和“以资证明”的意思。其余的例证还有“aforesaid”翻译为“综上所述”，“hereinafter”表示“下文继续论述”，“hereunder”表示“在……以下”等意思。还有一些介词和副词构成的复合词的表达方式出现在法律英语中，例如“hereafter, herein, hereunder, hereafter, thereto, whereby, wherein, therefore, whereby”等。古体英语中常用“where”，较少见到“when”的使用。举例说明：

买卖合同是出卖人转移标的物的所有权于买受人，买受人支付价款的合同。

A sales contract is a contract whereby the sellers transfer the ownership of an object to the buyer and the buyer pays the price for it.

分析这个句子，不难发现，这里的“whereby”相当于“by that”，原因是替代之后，内容上是一样的，但是句子形式却发生了变化，代表法律英语词汇的特征就无法体现，而且整个文体不够规范和严谨，不符合法律英语词汇的特点。而且，在英语句子的构成中，用词的简洁性非常重要，“whereby”相比于“by that”更为简洁，使得整个句子结构紧凑简练，古体词的功能就在于此。同理，“鉴于”这个词的翻译在英语常用“whereas”来代替“since”

等。又如：

I, undersigned, hereby certify that the goods to be supplied are produced in Japan.

签署人兹保证所供应之货物系在日本国内制造。

这句话在英译汉时需要注意使用专业术语。法律文书的翻译其措辞正式，一般不出现口语化或者个人感情色彩倾向性的词语，适当地使用文言文和虚词可以增加文体的正式性和规范性。“I”虽然是“我”的意思，但是由于这句话是法律条文，因此需要翻译为“签署人”。“hereby”是法律翻译中的常用词汇，在英译汉时多翻译成“兹”，这样就更符合法律文书正式性和规范性的需要。同时“之”和“系”的翻译是汉语中的文言文虚词，体现了译文的庄重严谨。因此，在法律文书的翻译中，古体词虽然出现较少，但是需要时还是能体现法律文书的正式规范性。翻译者需要充分掌握理解这些词的真正含义，才能自如准确地理解和翻译法律条款及文本。

二、外来语

法律英语中大量借用拉丁语词和法语词来表达法律的正式、庄重。英语最具开放性，其整个词汇的80%源于其他语言。法律英语词汇的一个重要来源就是拉丁语，拉丁语对英语词汇的影响也源远流长。

（一）拉丁词汇

拉丁语及其词汇在法律词汇中出现的频率较高，也是法律英语的特点之一，其原因在于很多法律术语在英语语言的发展过程中，随着中古英语的流行和文艺复兴期间对语言的改进，逐渐进入英语语言乃至法庭英语语言中。因此，欧洲国家在庭审时法官和律师很容易使用拉丁语作为法庭语言。“de facto”意为“事实上的”；“in re”意为“关于”，“inter alia”意为“除了别的因素以外；特别”；“alibi”意为“不在犯罪现场”，“bona fide”意为“真正的，真诚的”；“quasi”意为“好像；准”；“per se”意为“自身”；“ad hoc”意为“专门的；专门地”；“crime falsi”意为“伪证罪”；“de facto fort”意为“事实上的侵权行为”。欧洲法官们使用的法律语言不仅限于拉丁语，还有很多法语，诸如：“assize”意为“巡回审判”；“bail”意为“保释；保释人，保释金”；“estoppel”意为“禁止翻供”等。

这是一份判决书的一部分，其语言特点较为明显，短短一段共出现10个拉丁词汇。①

AB INITIO(最初) it should be said that there is a good prima facie (初步、表面看来) case for the decision of Lord Irvine, the Lord High Chancellor, to simplify the language used in court as part of the civil law reforms which bear the imprimatur(印迹) of the Master of the Rolls, Lord Woolf. From April 26[1999] Lord Irvine wants lawyers, pro bono publico(为了公益), to be much more straightforward in the way they speak pendente lite(中止审理). Out will go, inter alia(特别是), hearings in camera(秘密地) or ex parte(偏袒地). In will come headings in private or without notice. Plaintiffs will be replaced by claimants. Newspaper editors will no longer live in terror of writs. Instead they will tremble at claim forms. Mr.Anton Piller will soon be forgotten except in cobwebbed old tomes. The eponymous legal term will be succeeded, ad infinitum(永久地) and sine die(无期限地) by a plain old search order.

(二) 法语

在法庭术语中，没有严格的界限来界定哪些是法语语系词汇，而且也很难确定这些法语词汇成为法律词汇的具体时间。就英语语言的发展过程来看，诺曼人征服给英语语言带来了较大的冲击，同样也影响着法律语言的词汇使用。通常这些词汇晦涩难懂，在日常语言的使用中较少出现，只有专业的法律人士才能解释其专业含义。许多法学家认为有些法律词汇只能通过法语才能得以精准而合理的表述。例如：

The law was not expressible properly in English until the lange du paiis had appropriated to itself scores of French words.

在法律英语中仍可见诸多的法语词汇，如：“attentat”意为“谋害，谋杀”“clause commissoire”意为“如不履行即使合同失效的条约”“court en banc”指“全体合议庭”“de facto marriage”指“事实婚姻”“fait accompli”指“既成事实”等。

---

① 章文君、程乐：《文化语境下的法律英语词汇翻译》，《杭州商学院学报》2004年第1期。

相比之下，在中文中较少看见外来语系的语言词汇，那是因为中文受到日耳曼及其他语系的影响较少。中文凭借文言文像“兹、系、谨此、之”等词就能充分而准确地表达出法律语言的正式和庄重。

第二节　当代正式法律语言特点

法律语言和普通语言相比，其特征还体现在它的权威性和正式性上。从文体学的角度来讲，普通日常使用的语言和词汇分为书面语言、普通语言和口语语言。书面语的词汇也被称之为正式词或大词。顾名思义，这些词汇主要使用于书面文本中，像各类文件或法律文本。正式词的词汇特点是至少有三个以上音节。语言学家王佐良与丁往道指出，法律英语中正式词语的频繁使用是为了增加法律文本庄重规范的文体风格。[①]由于法律的严肃性和庄严性，法律文本的遣词造句须力求准确、正式并具有语意严谨的特点。而文学作品则讲究辞藻的华丽及各种修辞手法的丰富，来达到文笔的唯美。法律语言中就不允许使用比喻、夸张、类比等修辞来描述案件。因而在法律语言的翻译过程中，常常很讲究词汇的选择使用，以与文体相符。例如，在法律语言的汉译英时，“upon”比“on”更为正式，虽然他们在汉语中都是“一……就”的意思，虽然“upon”的语义等同于“on”，但“on”可以用于各种文体，“upon”则常用于较庄重正式的文体。而在法律文本中“upon”用得更加频繁。另如：在法律语言中，“terminate”代表的是“终止”，它属于正式词汇。普通词汇中常见的“stop, cease, or end”就不适合用于法律词汇；同样的，“义务”是“obligation”而非“duty”；“根据”是“pursuant to”或“in accordance with”而非“according to”。“之前”这个词很少在法律英语中使用“before”，常用的词汇是“prior”；“只要”这个连词常用“provided that”对应，而不是“if only”；“之后”这个词的翻译常用“sequent”而不是“after”；“advise”比“tell”更规范；“commence”属于正式词汇，“begin”或“start”则都属于普通词汇；“employ”是正式词汇，而“use”属于普通词汇；“in accordance with”比“according to”正式；“demonstrate”比“show”庄重，等等。又例如《合同

① 钟小强：《法律英语的语言特点》，《无锡商业职业技术学院学报》2008年第8期。

法》第六十条：

当事人应当按照约定全面履行自己的义务。当事人应当遵循诚实信用原则，根据合同的性质、目的和交易习惯履行通知、协助、保密等义务。

The parties shall fulfil the respective obligations as contracted. The parties shall observe the principle of good faith and fulfil the obligations of notification, assistance and confidentiality in accordance with the nature and aims of the contract and appropriate trade practices.

这段法律文本的译文中，“principle”“notification”“assistance”是英语语言中较为正式的词汇，分别被翻译为“原则、通知、协助”。而日常英语翻译中，这些词汇则会被翻译为“rule”“notice”“help”。

法律文书包括法令、协议、合同等，属于庄严文体（frozen style），以准确严谨为其首要特点。法律文书在词语的选择、句法结构和行文格式方面都有严格的要求。为避免歧义，法律文书十分注意用词的庄重严谨，常使用法律专用术语，其中包括一些在其他领域已不再使用的套语或习语。例如：

Be it ordained by the United States in Congress assembled, that the said territory, for the purposes of temporary government, be one district, subject, however, to be divided into two districts, as future circumstances may, in the opinion of Congress, make it expedient.

参加会议之合众国制订：为建立临时政府之目的，兹将前述地区设为一区，惟国会视未来情势合适时，得将其分为两区。①

这段译文充分体现出了英译汉时的精炼、通顺以及措辞的准确。

第三节 法律术语的社会文化内涵

任何一个领域都具备一定的特殊社会功能，在实现这些特殊社会功能

① *The Northwest Ordinance*（1787），载学术交流网 http://www.annian.net/show.aspx?id=1764&cid=14。

的过程中就形成了专业术语。法律术语的形成过程同样也是这样的，通过法律术语，可以较为正式地将法律概念表述出来。在法律英语的翻译过程中，仅仅具备专业的英语语言知识是不够的。专业的译者应该有专业的英语知识并熟悉法律术语，才能翻译出准确的法律条文和文件。那些只能用于法律文件的词汇称之为法律专用术语，而可以适用于其他文件的，并非法律词汇专用的，但是在法律文件中能表达特殊或更确切含义的词汇，被称之为人工法律术语。

法律文书在译文中不可轻易改动其格式，其原因在于这些措辞需要遵循严谨、对等或接近原则，这些原则可以表达其特定的法律效力下的意义或效果。法律文本的翻译需要遵循对等的效果，因此翻译时需要特别注意译语与原文本之间的对等或者接近原则。很多正式用语不能随意杜撰或创新，以免造成严重的歧义或者争议。法律词汇的翻译原则和目标就是确定使用对等意义的术语来表达不同语言体系下的同一个意思，法律中称其为等价术语。而要想理解它的真正内涵，必须将其放置于原文本语境中进行分析，或通过具体的法律规定才能确定。

一、法律专用术语

法律专用术语，指表示单一法律概念的术语，其很强的专业性被认为是严格意义上的标准术语，仅出现在或绝大多数情况下出现于法律文件中。这也是法律词汇专业性的一个体现和标记。例如："force majeure"就是一个法律专用术语，意思是"不可抗力"，意指不是人为力量所能控制和预防的不可避免要发生的事故，像地震、海啸、大面积旱灾水灾、战争、罢工，港口封锁等。如遇此类事故的发生，一方可免除履约责任，另一方无权要求其赔偿损失。英语中常用的法律专用的术语如下：

俗语：burden of proof（举证责任），cause of action（案件事由），letters patent（专利证书），negotiable instrument（流通票据），reasonable doubt（合理的怀疑），contributory negligence（共同过失）等；

庄重用语：plaintiff（原告），aforesaid（上述），recidivism（累犯）等；[①]

---

① 钟小强：《析法律英语的语言特点》，《无锡商业职业技术学院学报》2008年第8期。

刑法中常用的有：burgalry（入室盗窃），robbery（抢劫），felon（重罪犯），manslaughter（非恶意杀人），malice（恶意）等。

以上列举的这些词汇具有法律用语的典型特征，因此在其他行业中使用较少，即使是在没有语境或者上下文联系的情况下，这些术语一样不会产生歧义或者含义不清晰，这样就保证了法律专用术语的专业性和通用性。

二、人工法律术语

除了专业的法律术语之外，很多日常使用的词汇也会出现在法律文本的措辞中，但是到了法律文本中，便具有了区别于日常意义的法律意义。这类法律术语被称之为人工法律术语。在英语语言中，大多数词汇都属于普通词汇，在合适的语境下则具有了特定的法律意义，这些词是在排除了普通词汇的常用含义之外后具有特定法律专门含义的词。

以“reasonable person”或“reasonable man”为例，如果采用普通词汇的翻译方式，可以翻译为“通情达理的人”；如果从法律范畴进行翻译，应该翻译为“理性人”比较符合法律规范，意指那些具有正常思维的、精神没有失常的人。

“remedy”作为普通词汇意思是“医治”，显然不具备法律含义。如果按照法律规范的意义来讲，应该是“补救”或者“补救方法”。这是在刑法中表示根据法律规定执行，保护和恢复权利的方法或者补救受害方的一种措施或者方法。具体应用在合同一方在支付损害赔偿金时的用词。另有同类的例子如：“强制性”可译为“injunction”，“依法履约”可译为“specific performance”“法院宣判”可译为“declaration”。

对应关系体现能指和所指间形成的单义和多义关系。单义关系如拉丁语中的词语“actus reus”，意思是“犯罪行为”，是一个较为典型的法律概念。在翻译时就体现出了翻译的对等性，不仅准确地体现了用词的准确性，而且体现了法律词汇的权威和正式性。例如：

The actus reus may include the circumstances in which the acts occurs, the condition itself and the consequences.

犯罪行为包括犯罪情节，犯罪行为本身及其后果。

“circumstances”的普通意义是“环境”，但在此句中指犯罪的“情节”。

一些源于日常词汇的法律英语名词因为用于法律语境而被赋予与普通意义不同的法律意义，从而形成一词多义的现象。如“the accused”对应于汉语中的法律专业术语“被告人”，而不能翻译为普通词汇“被控告的人”，尽管这两种译文意义相同。因此，在翻译法律英语名词时，如果该词汇是法律专业术语，那么译语中的对应词汇也应该采用法律专业术语，以实现意指符号间意义关系的对等转换。

还有一些法律英语名词在不同法域代表不同概念，例如“estoppel”在合同法中是“不可反悔”之意，而在刑事诉讼法中则为“禁止翻供”。承运人“carrier”不是法律专用术语，是人工法律术语，只是在法律英语当中才有此义，在其他场合，可译为“搬运工，携带者”。“society”，既可翻译成“保险公司”，也可翻译成“社会”；“action”，既可翻译为“行动”，也可翻译成“法律进程(起诉)”。在法律翻译中，翻译者必须准确弄清楚这些词在法律英语语域中的专业含义，以免将其普通含义与法律专业含义混淆。如将“action”翻译为“行动”，而其在法律语言中的含义是“诉讼”，“demise”原义是“死亡”，然而在法律中的含义是“遗赠”，“present”原义是“礼物”，然而在法律中的含义是“此法律文件”，“cost”译为“诉讼费用”而非“成本”，“declaration”译为“确认”而非“宣告”。“infant”在日常语言中一般指“婴儿、幼儿”，但在法律上是指“二十一岁或十八岁以下的人”。又如“avoid”(取消)、“consideration”(对价)、“execute”(签署)、“prejudice”(损害)、“save”(除了，除……外)、“serve”(送达)、“said”(上述，该)、“minor”(未成年)或“major”(已成年)、“instrument”(法律文件)，等等。

因此，界定法律英语名词的概念是确定其对应的中文词汇的关键。通过恰当地运用法律术语尽量使得译文符合法律习惯和用法，成为地道的法律英语。同时在翻译法律英语专门术语时要注意法律文化和思维方式差异，不能一味地追求语义功能完全对等，很多术语不能与汉语常用的法律术语完全等值或近似等值。比如：罗马法系中的“legal person”最初被译成“法人”，对于当时的中国，这是一个创造性的词汇，因为中国当时尚未建立法人制度。当然，新词在一个语言中被广泛接受需要时间，针对其背景的注解是翻译工作必然要跟进的内容。

这些例证充分说明，翻译者在翻译法律语言的过程中，必须明确普通词汇在法律专业领域的含义，才能够避开与普通词汇的混淆。如何区别法律词汇概念和其对应的普通词汇的关键在于翻译过程中，译者需要懂得较多译文的法律背景和思维方式，使得普通词汇具有特定准确的法律意义。文化差异和具体语境的分析是任何语种翻译的关键。在翻译中切忌为了语义、句子结构或者句法的对等性而破坏了词义在具体语境下的实际意义。比如说，"legal person"一词的翻译具有一定的创新性，之后随着法律体系的不断完善，人们觉得这个翻译很确切，逐渐接收并承认了这种译法。法律领域中的创新词汇要随着时间的推移和后续使用才能得以推广和接受，成为大众共识的人工专业词汇。

法律英语翻译时需要注意专门术语中的同义或近义的术语。由于法律英语专门术语严谨和准确的属性，词汇不可直接相互替代。例如："brand"和"trademark"均用作指商业、商品或服务的名称，但它们并非同义（尽管有些人把它们都当作"商标"）。差异在于"brand"（品牌）主要指已经树立的，经常是著名的且用于广告的商品名称，不是正式的法律术语，一般不具有排他权。而"trademark"（商标）是典型的法律术语，表示经登记注册之商标，具有排他权，未经同意使用则构成侵权，其可以是词语、符号等，为制造商或商人所采用以将自己的商品与他人的商品加以区别。可见，由于英语词汇丰富的语义，在不同的语域中同一个词体现的则是不同的概念，翻译中需要在法律概念的体系里弄清术语所表达的具体含义。

谈到商标，我们知道它是和准法律文字密切相关的一个方面，由此产生的案例也不在少数。典型的案例是美国的两个产品商标"healthy choice"和"health selection"。"healthy choice"是一种快餐，市场占有率已经形成，具有了一定的知名度，也得到了顾客的接受和欢迎。就英语而言，这是一个词汇组合，可以作为商标名称来使用。与此同时，另一家公司推出了名字叫作"health selection"的减肥系列产品。"healthy choice"和"health selection"在汉语翻译时在意思上非常接近，因此快餐公司觉得这个减肥系列产品在侵权，故意选择意思相近的词语作为其名称，其目的就是为了利用"healthy choice"已经获得的市场知名度，双方发生了较大的争议，最后对簿公堂。从词语本身的意义而言，普通名词用作商标，不符合商标的命名规范，"healthy choice"跟"health selection"二者均属于独特词语与普通词语的边缘地带。"healthy"这个词是形容词性，作为商标使用的话，不符合专业术语的要求，因为它作为普通词汇被大家统一使用，并不具有特殊的专业性。可是“healthy choice”是词语组合，是形容词修饰名词，那么作为商标的名称，就具有了人工专业术语的特点，可以作为商标的名称来使用。

从这里可以看到，英语词汇具有丰富的含义，一个词汇对应多种含义的现象普遍存在，只要所处的语境不同，含义自然也就不同。如果将普通词用于法律语言的概念里，需要译者有清晰的法律概念，保持法律语言的正式和准确。法律语言和普通语言相比，其特征体现在它的准确、严谨。准确就是理解和表达法律概念、语言形式、逻辑关系等要准确无误。这就要求我们在翻译时对原文本既不能歪曲，也不能增减。因为法律法规涉及立法、司法主体对司法客体的行为制约或者各当事人之间的权利和义务，差之毫厘，谬之千里。准确性可以说是法律英语最重要的特点和最基本的要求，因而也是法律英语的灵魂和生命所在。但在翻译实践中常常出现对法律规范疏于了解而产生误译、错译的现象。例如：“final judgment”该词组常常被误认为是“终审判决”，目前许多英汉（法律）词典或相关工具书都难逃此误。依定义，“终审判决”即法院对诉讼案件进行最后一级审判时所作的判决，终审判决一经宣布，即为发生法律效力的判决，不能再行上诉。在此意义上讲，“final judgment”（最终判决）决非“终审判决”，因为它不一定是生效判决。“final judgment”本身的含义刚好与“不能再上诉”相反，而是指初审法院对案件实体作了审理后作出的可上诉的判决（故它也称为“final appeasable judgment”或“final appeasable order”等），其与法院的审级完全无关。因此，我们所说的不能再行上诉的“终审判决”应是“judgment of court of last resort”或“judgment of last resort”才对。

普通英语和法律英语的特点及应用存在着很大的差异。只有准确理解其严谨科学的概念表达方式，语言习惯和逻辑关系才能使得它们二者具有明显的差异。译者在翻译法律语言时，既要忠实于原文，不能扭曲或者增减原文的含义，还要做到符合法律法规翻译时的规范特点。如果违背了这个原则，尤其当涉及立法或者司法案件时，十分微小的选择差异就会造成词义上很大的歧义。

为体现法律语言翻译的准确性，使译文符合原文严格的法律含义和定义域，还需要运用具体化或增添等技巧，这些翻译技巧可以使得翻译时的细微差别具体化，精准化。在普通语言中，“executor”表示的是“执行人”，“administrator”表示的是“管理人”。以法律语言来翻译的话，“executor”译为“遗嘱执行人”，即死者生前委托的遗产代理人，主要负责处理死者生前遗留下来的财产。而“administrator”则指的是“遗产管理人”，其本质含义是死者可能没有留下遗嘱，但是“administrator”是死者遗产的管理者。如果这二者是女性，同时法律语言中用“executrix”和“administratrix”这两个词来描述，那么翻译成汉语时就应该译为“女遗嘱执行人”和“女遗产管理人”。再来分析一个例证：

当事人应当遵循诚实信用原则，根据合同的性质、目的和交易习惯履行通知、协助、保密等义务。

在这句话中，“交易习惯”可以译为“the appropriate trade practice”，这个翻译方法采用了增添法，添加了“appropriate”来使得全句的含义更加完整确切和合理，有效地排除了那些非合法、非正当渠道的习惯做法，实现了内容上的准确和一致性。

法律语言的翻译很多情况下需要根据上下文来确定词汇的具体含义，将符合原文的词义表达出来。例如：

bench：	普通英语释义：板凳，长凳；	法律英语释义：法官、法庭
bar：	普通英语释义：围栏；	法律英语释义：律师界
honour：	普通英语释义：荣誉；	法律英语释义：承兑
collection：	普通英语释义：专辑；	法律英语释义：托收
consideration：	普通英语释义：考虑，认为；	法律英语释义：对价

法令、法规、协定、公约、契约、合同及法律条款等都是法律语言。作为法律条文，行文及格式严肃正式，互相存在很大的关联性。因此在翻译过程中，译者的专业素养就体现得比较明显。译者根据上下文及具体语境对原文本进行推敲把握，才能选择准确的符合原文标准的词汇。有些虚词表面上无关紧要，实际上，在语言的搭配中起到了关键作用，因此不可随意删减或者不加翻译。例如：

The date of receipt issued by transportation department concerned shall be regarded as the delivery of goods.

由承运的运输机构所开具收据的日期即被视为交货日期。

“concerned”的原意是“相关的，有关的”，但是应用到运输机构与合同货物之间的关系是“承运的”关系，句中“concerned”按其字面意思译成“有关的”则显得笼统、不够严谨。根据外贸专业知识和原文本内容进一步分析，不难看出，运输机构与合同货物之间的关系是“承运的”关系。将其译成“承运的”更能揭示其实质的含义，也更为具体合理和精确。

第四章　法律语言翻译中文化信息的错位

语言的发展和文化息息相关，法律术语的产生也离不开它所蕴含的法律文化。在法律文化形成和发展过程中，法律术语受到多种因素的影响，包括政治、地域、风俗、历史、文化背景等等。这些因素之间有着千丝万缕的联系，是双语转换中文化认知语境的重要内容。孟德斯鸠说过："法律应该和国家的自然状态有关系；和寒、热、温的气候有关；和土地的质量、形势与面积有关；……和居民的宗教、财富、人口、贸易、风俗、习惯相适应。……法律与法律之间也有关系，法律和它们的渊源，和立法者的目的，以及和作为法律建立的基础的事物的秩序也有关系。"[①]在法律语言交际中的文化错位，反映到法律语言翻译中就是由于译者对于原语文本中文化内涵的误读或对其所承载文化因素的语言结构或词汇处理不得当，因此，将一种语言的法律文本翻译成另一种语言时，就有可能导致译语读者对原文本文化信息的错误理解或曲解。并会对原文本产生错误的文化体悟。

第一节　社会语境下法律语言文化信息错位

一、传统的法律文化差异

由于法律文化传统的不同，法律语言文化信息错位反应在语意的不对等。在中国与西方法律术语之间存在着不完全对等。例如"法律"一词，在拉丁语中，可以用"Jus"和"Lex"来表达，在法语中可以用"Loi"和"Droit"来

---

① [法]孟德斯鸠：《论法的精神》，张雁深译，商务印书馆 1982 年版，第 25—86 页。

表达，在德语中可以用“Gesetz”和“Recht”来表达，所构成的单词都是两个。前者的意思是“法”，意指权利和公平。这种表达方式是受到了欧洲大陆“自然法”和“实在法”二元论的法律文化之影响。站在词汇学的角度，印—欧语言(Indo European Languages)则用的是不同的词语来表达英语中“law”的含义。在拉丁语中，“lex”指的是具体的含义，而“jus”则指的是抽象含义，意大利语、法语和西班牙语也有部分词汇采用这种表达方式。“法律”兼有具体的含义，同时也比较狭义。其定义是“国家政权在立法机关制定的条款中的含义”。分析德语语言可以知道，“Gesetz”表示的是具体含义，而“Recht”则表示的是抽象内涵。①汉语中则是指“由立法机关或国家机关制定，国家政权保证执行的行为规则的总和”。②而“法”这个词汇抽象而且广义。由于文化和历史的原因，英语中原本用于表示“法”这一抽象概念的单词“right”被用于表示其他概念，结果只剩下一个词，即“law”同时承担表达两种语义的任务。这样一来，除去“法律”这一语义外，随着历史的进程，“law”在其广泛语义的基础上添加了体现英美法律文化背景特点的内涵：第一，因英美法中有普通法(common law)和衡平法(equity law)之区分，law常被用于表示“common law”，故具有“普通法”的意义；第二，因法律为“lawer”所垄断，所以“law”有“律师职业”的意义。③

由于法律和诉讼之间有着密不可分的联系，“law”在不同的语境中还有与法律行为有关的延伸意义，如下例：

When settlement negotiations failed, they submitted their dispute to the law.

这句话的准确翻译是：“多次调解谈判失败后，他们将争议诉诸诉讼”，“law”一词就具有了诉讼的含义。另外，“行政诉讼”和“法律诉讼”，英语表达分别是“administrative proceedings”和“legal proceedings”。还有一个比较常见的词“person”普通含义是“人”，但是在法律语言中，可用增添法翻译为“法律人”或者“社会人”，这是因为“person”与汉语中的“人”之间存在语意上的差异。

① Bryan A. Garner. *Black's Law Dictionary*, USA: West Group, 1999, p.1357.

② 中国社会科学院语言研究室：《现代汉语词典》，商务印书馆 2012 年版，第 353 页。

③ 宋雷：《法律英语高级教程》，中国民主法制出版社 2001 年版，第 209 页。

二、社会制度的差异

社会制度是一个社会政治、经济、文化等根本制度的总和，他们构成了一个社会的基础，影响社会的方方面面，自然也会涉及法律的制定和执行。法律制度是一个社会不可或缺的元素，因此，社会制度自然而然也会影响着法律制度的指定和执行。以美国为例，美国作为联邦制国家，其宪法以“联邦主义原则”为基础确立立法原则。另外，美国的法律制度还以“三权分立”(Division of Power)原则和“制约与平衡”(Check and Banlance)原则为基础确立美国法律条款。美国议会(Congress)有立法权，议会是由参议院和众议院组成，议会对总统有弹劾权力(power of impeachment)。上述术语都是美国法律文化中特有的现象，在我国法律文化中是不存在的。再如，美国政府的司法部门由三级构成，第一级叫作“United States Supreme Court”，汉语为“联邦最高法院”，第二级是“Court s of Appeals”，汉语为“巡回法院”，第三级是“District Courts”，汉语为“地方法院”。各级机构各尽其职，与我国的最高人民法院、高级人民法院、中级人民法院和基层人民法院是不同的概念。不同的案例根据不同的地域和所属级别来套用适合裁定案例的法律条文，联邦法院和各级州法院根据自己的宪法和法律条文来进行裁决和评判。还有一些特别的法律术语，如“Marshals”表示的是法官，隶属于联邦司法和附属的地方法院，由国家总统统一任命并赋予他们相应的权力，其中最重要的一项权力就是监督权。“Sheriff”指的是县级或郡州级别的司法长官，“The Justice of the Peace”则指在农村地区和小镇负责治安和秩序的司法官等。这些关于法官的名称都属于法律专用术语，是美国法律语言文化中的特有现象。①术语是在实际案例的操作和处理中，在特定的区域、思想意识形态以及特定文化背景及民族习俗的基础上所形成的。

三、中英文化心理的差异

文化背景不同，人们的价值观也就会不同，对于问题的理解自然也就存

---

① 戴拥军、张德让：《词汇空缺与英语法律术语的翻译》，《安徽理工大学学报》2004 年第 4 期。

在差异。这种价值观的判断一旦成为民族意识的判断标准，也就是社会的文化意识的产生之时，就会以潜在的方式影响着不同社会体制下人们的行为准则，最后以法律法规的形式确定并延续下来。

关于抚养费(alimony)一词的理解，在中美不同的语境下便有很大的不同。20世纪60年代女权运动在美国较为盛行，男女平等是当时很流行的观念，因此在抚养费的案例中，法律规定夫妻双方在法院宣判离婚或者分居后，男方必须支付女方或前妻一定数量的生活及子女抚养费(alimony)，反之亦然，女方也可以支付给男方或者其前夫一定数额的生活抚养费用。如果案件中只给妻子一方抚养费的话，在法律规定上视为违法。美国人对私有制的观念较为根深蒂固。为了以法律的形式来保护私人的权益和财产，美国出台了专门的《侵权法》(Torts)。从法律角度保护私人的权利和财产，制定了许多有关惩治侵权行为的条款，并将侵权行为分门别类，如：故意侵权(intentional torts)、过失侵权(torts of negligence)和无过错责任(strict liability)等。与侵权有关的法律术语也极为精细而独特，如行为的抗辩(torts of negligence)可以细分为被害人本身过失(contributory negligence)，相对过失(comparative negligence)和自动承担风险(assumption of risk)等。另一例是一系列有关赔偿的法律术语。在美国的《合同法》中，为了最大限度地维护非违约方的权益，美国的法律制定者创造了各种各样赔偿金(damages)的法律术语，如实际损害赔偿金(actual damages)，间接损害赔偿金(consequential damages，或译为后果性赔偿金)，惩罚性赔偿金(punitive damages)，相关损失赔偿(incidental damages)，预定违约金(liquidated damages)，象征性违约赔偿(nominal damages)。①又如交叉询问(cross-examination)被译为“盘问”“盘诘”。这个翻译其实是由中国传统文化中对司法权威无条件敬畏的文化图式催生。在欧美国家的法律体系中，不管是起诉方还是被告方都会收到法院的传唤，询问案件内容或者出庭作证。也就是说起诉方或被告方的证人们都要进行交叉询问，同时他们都享有同样的权利去向对方提问，即提问权，而不是仅接受询问。“cross-examination”译为“交叉讯问”比较准确。因此尽管不同的法律语言有一些相同的基本特点，但是由于语言、

---

① 戴拥军、张德让：《词汇空缺与英语法律术语的翻译》，《安徽理工大学学报》2004年第4期。

法律文化等因素的影响，词语的使用就有很大的差异甚至产生矛盾。

四、中英思维方式的差异

不同国家的文化造就了人们不同的思维方式，而思维方式是人们进行沟通和交流的平台和桥梁。思维方式的形成也是文化积累的结果。语言属于思维艺术的因素，不同思维方式的人表达的语言也是不同的。语言的功能在于能够表达人的思维方式，因此语言差异是思维差异的结果。翻译的过程其实就是不同语言环境之下思维方式的转换，由于语言的不同，翻译结果自然是不同思维的结果。英语和汉语作为两种不同体系的语言建构，其思维方式和表达模式因为文化差异而迥然不同。译者在法律语言的翻译过程中，最忌讳的就是因为不同的思维习惯造成翻译的困难和模糊，所以翻译的择词一定要考虑到不同文化的思维模式。

具体而言，汉语习惯简练，以词组和单个的词为主，以程度副词来表示条文的正式严谨。在法律英语中，通过简单的修改词根就可以得到一个新的词汇，表示一个新的概念，而常用的修改方法就是加前后缀。比如说：

For and in consideration of mutual covenants and agreements contained herein, the parties hereby covenant and agree as follows.

在这句话中，有三组意义相近的词组，分别是："for and in consideration of""covenants and agreements""covenant and agree"。在文学翻译时，近义词或者同义词的并列是为了增加辞藻的华丽和文学艺术性。但是在法律语言翻译中，照搬近义词或者同义词的叠加就显得不够严谨而且不够正式，同时也形成了法律内容表达的不确定性和模糊性。

就英汉翻译而言，思维习惯的差异表现在整体思维和个体思维两方面，由于英汉语言的差异，法律语言的翻译需要符合各自的语言思维习惯。汉英两种语言的思维习惯差异体现在顺序与逆序、感性和理性、主体意识和非主题意识、对立和协调、具体和抽象等方面。[①]中国人以直观、整体和意象的方式来思维，强调内部和外部，世界主、客观的整体性。用直观整体的角度来思维和表达对某一个事物的看法。这种辩证的整体关联性思维使得人们

---

① 刘宓庆：《新编当代翻译理论》，中国对外翻译出版公司 2005 年版，第 487—510 页。

对事物的看法具有多样性和对立统一性。汉语中一些词汇如上下、高低、左右、红白喜事、悲喜交加等就是很好的例证，说明人们思维方式的相互对立统一。就英语文化的思维而言，英美文化人士的思维则较为婉转，尽量避免禁忌词语，他们常用短语来表达自己对事物的喜好或者利弊。“to evaluate the merits of the approach”这些介词短语可以译为“权衡该方法的利弊”。在这个短语中，为了表示礼貌和委婉，不伤害他人的利益或者自尊，他们只用“merits”而省去“demerits”，因为“demerits”具有“晦气”之义。相比于中国法律法规的用词，英语中类似“count”“against”“anti”（“惩治”“防止”“反”）等词语就很少使用。因此，在英美国家的法律法规中，这种遣词造句模式常见于“罪”等字眼。在我国颁布的各种法律或者法规的名称中，一般都加有类似“惩治”“防止”“反”“罪”等字眼，如《中华人民共和国禁止国家货币出入境办法》《中华人民共和国惩治反革命条例》。英国法律“Theft Act”，如翻译为《盗窃法》，就显然忽略了两国之间的法律文化语境。英文“theft”含有一种与其本身相抵制的法律国俗语义，应被理解为“anti theft”。而“Theft Act”以汉语思维的方式来看，应当译为《反盗窃法》或《盗窃罪法》，而不能直译为《盗窃法》。同样，“Oil-Pollution Law”准确的译文是《油污染防治法》而不是《油污染法》。

第二节　法律框架下文化信息的错位

文化信息的错位不仅表现在不同法系中，即使在同一法系中也有表现。例如在英美法系中，美国和英国的法律词汇就存在文化信息错位现象。尤其在跨法系的翻译中，认识语言表象背后的没有用文字表述出来的法律文化和法律规约需要发挥译者的主体性。除了上述文化心理、思维方式及社会制度之外，法律体系、法制功能、法律制度及程序，也是造成法律语言中文化信息错位的主要原因。

一、法律体系的差异

根据英语语言的发展史，11 世纪的英国已经有了法律语言起源的萌芽，普通法(common law)的形成已经有了确切的源头。1066 年诺曼底人到达英国时，并没有完全排斥盎格鲁—撒克逊人已经形成的法律和固有的传统习俗，而是在此基础上兼收并蓄，建立了中央集权制的国家和能够管理全国的审判中心机构。到了 13 世纪，英国各地基本上遵循着全国通行的"common law"。随着经济和社会的发展，进入 14 世纪之后，之前以习惯和约定俗成为基础的法律规范已经不能有效地管理庞大的国家机器，同时，商品货币经济发展的突飞猛进也迫切需要更加完善的法律法规出台。在此背景下，衡平法(equity law)则应运而生。"common law"和"equity law"从此构成了英国法律传统的主体。[①]英美国家法律体系中很多长久以来保留下来的术语和其他国家的法律体系中存在的术语有着明显的不同。如美国法律中的总统(president)、国会(congress)，英国法中的王室法院(court of kings bench)、大法官(chancellor)。不同国家和地区因为不同的历史原因，其法律语言和意识就形成了适合自己区域的分类，那么法系就是具有共性的法律传统。大陆法系与英美法系是西方社会普遍采用的法系。由于各个国家的法律制度体系都基于本国的政治经济和文化习俗，即便在相同的法律体系下，国家之间对法律现象(legal phenomenon)的认识也会有差异。比如说"抵销"(set-off)这一请求权，英美法系一般不允许在诉讼程序外作抵销，而在德国法系中，诉讼外的抵销是允许的，但是有一定的条件限制，债务人需要作出书面的承诺或者表示；在法国法系中，抵销责任在具备必要条件的情况下可自动完成，即便是当事人并没有意识到这一点。[②]

二、法制功能的差异

法律词汇是不同经济基础和社会体制的产物，所以法律概念也会因为不同的经济文化背景而产生差异。国家之间的交流必须适应这种差异性，以使人们在解决实际遇到的问题或困难时，可以有适用的法律原则，并借助于特定的法律术语来解决。在英语国家常有"代理孕母"(surrogate mother)的法律纠纷，汉语中的对应现象应是"借腹生子"。未来孩子的"父亲"和孩子的

① 曾尔恕：《外国法制史》，北京大学出版社 2003 年版，第 179 页。

② 沈达明：《国际金融法上的抵销权》，对外经济贸易大学出版社 1999 年版，第 61 页。

“母亲”并未发生性关系，是在医生的帮助之下，实施人工授精使得孩子的“母亲”受孕，生产后将孩子还给孩子的亲生父亲和不能生育的母亲。出现的纠纷一般情形是代孕母亲因为种种原因，不愿意在孩子出生后交还孩子的亲生父亲，这就会导致孩子抚养权的诉讼请求。各国针对此案例的判定模式也不尽相同，但是都是依靠本国法律条件之下，结合实际情况而作出的判定。再如网络时代出现的“网络蟑螂”(Cybersquat)，指恶意注册或买卖、租借某一个特殊域名，而从中谋取利益的人。这些人为了谋取暴利，盗用信誉良好的注册商标，改头换面后演变成自己的域名，随后高价出售给该企业赚取暴利。“squat”的普通含义是“霸占”，在法律中定义为“强行占有别人的财产”。美国联邦法律为此制定了《反域名抢夺消费者保护法》，以保护那些信誉良好的已经注册的商标。

三、法律制度及程序的差异

通过分析法律语言翻译实践中的例证，可以看出中美在不同法律文化语境下对于同一个词的实质内容的不同。“preliminary examination”意思是“预审”。在中国的法制体系中，预审这个程序设置在公安系统，警察是行使预审职能的执行人员。这个程序的设定目的在于帮助公安部门侦破案件。而在美国的法律体系中，预审程序的目的是在司法监督的情况下，保证公民个人权利的维护。预审制度主要是便于警察对犯罪嫌疑人实行第一时间的控制，有利于法官进行司法审查。另外，“Privy Council”在英国指的是枢密院，但在法律英语的翻译中，译者需要注意其他国家的法律里没有对应的词汇。同理，中国的一些法律条文规定在英美国家也没有对应的准确表达方式。

中国根据自己的国情，有一些独特的法律术语，例如“人民调解”(people's mediation)一词是专门的法律术语，其含义较为独特，符合中国法律条文的特色。“人民调解”是法庭之外一种解决民事纠纷的途径和办法之一，是通过人民群众的说服教育和调停解决矛盾的行为。在中国法律中，还存在一个法律术语，就是“三来一补”，该术语有多种翻译方式，可以解释性翻译为“processing of imported materials or according to supplied samples, assembling of supplied parts, and compensation trade”。但是在英美国家的实际案例中就没有这样的法律法规。因此在法律英语中就不存在这样的对等词汇。

“barrister”和“solicitor”在英国均指“律师”，“barrister”可被译为“辩护律师”或“出庭律师”，也有部分学者翻译成“大律师”。“solicitor”可被译为“初级律师”“事务律师”或“小律师”。这两种律师称谓源于英国特殊的法律语境。“barrister”一般不与当事人直接打交道，只是在高等法院开庭时出庭为当事人辩护。这些律师只能自己单独营业，不允许和别人合伙，也不能通过为当事人辩护而收取相应的诉讼费。“solicitor”只能在郡法院和治安法庭等初级法院出庭辩护，但主要业务是为当事人撰写诉状，拟写合同，给当事人提供法律咨询，可以收取相应的诉讼费，但是一旦产生过失，“solicitor”要负相应的法律责任。这种律师分级制度在加拿大也存在，但却实行一元制，两类律师都可以同时开展两项业务。

同时，中外不同的法律程序也会造成词汇的空缺。如“discovery”和“deposition”，在英美法律的翻译中，“discovery”指的是法庭开庭前控诉方和辩论方之前的交流和沟通，目的在于取得相关证据，但是在中国法律中则不存在这样的法律程序，所以在翻译中就创造出“发现程序”这个法律词汇来对应。“deposition”在法律语言中是“庭外证词笔录”，在汉语中也没有相应的表达形式。

第五章　法律语言中语用修辞的文化阐释

我国语言学界对语用修辞的研究方兴未艾。所谓语用修辞是指在词汇的概念意义上添加使用该语言国家的文化、历史及风俗色彩的语义。离开民族文化背景人们很难完全理解语言单位的含义。语用修辞问题广泛存在，法律翻译也不例外。正如美国法律语言学家蒂尔斯马（P. M. Tiersma）所说，从某种意义上讲，"我们的法律是词汇的法则"（Our law is a law of words）。[①]法律词汇作为词汇的类型之一，蕴含着不同国家的法律文化和历史渊源。因此在法律词汇中体现出修辞是文化发展的必然现象，法律文化也反映出某一文化群体中的历史文化和特点。法律语言作为一种语言功能变体，它是法律文化的产物和载体，具有很强的语用功能。反映鲜明民族法律文化特色的法律语言修辞，被称为法律语言的"国俗语义"。[②]语言学界对英汉语用修辞差异的研究，揭示了在法律语言翻译中对法律语用修辞研究的必要性及其对英汉法律翻译的理论意义。在语际转换时，译文修辞要实现词法和句法等语言形式的转换，而且需要根据语境体现其文化信息，重现原文法律文本特有的文化内涵，力求使译文在目标语中达到原文在法律语言中所产生的语义效果，反映其法律语用特征。在文化语用理论的指导下，法律翻译方能最大限度地实现语际间语言单位所含信息量的等值转换，促进不同法律文化体系间的交流。毫无疑问，这对译者不仅在语言方面，而且在文化和法律背景知识方面都提出了更高的要求。

---

①② 宋雷、程汝康：《法律国俗语义差异及翻译》，《西南政法大学学报》2006 年第 6 期。

第一节 法律语用修辞的文化兼容及反差

西方国家的法律与中国法律存在很大的差异,但“由于事物本身的属性一致,人们对某些事物现象的认识能力又大同小异,因此,对应词汇的国俗语义也有其共同性”。[①]此种情况在法律英语翻译中也经常出现。宋雷从国俗语义的角度对法律词汇的语用修辞文化兼容及反差皆有过举证。[②]例如英文中的“wall”在英汉字典里解释为“墙”。自古以来,监狱在我国民众的心中就是“高墙耸立,壁垒森严”。因此,“墙”逐渐在其单一含义的基础上衍生出“监狱”的含义,常用词汇有“高墙”“大墙”等,而且也得到大众的熟知和接受。中央电视台曾录制和播出了一部纪录片,描述的内容是青少年犯罪情况的实录,其节目名称为“‘家’在高墙内”。国内有一家著名的法制类学术刊物叫《大墙内外》,这本杂志在司法界有很高的声誉。“wall”在英美国家同样也有很多含义。作为美国联邦法院的首席大法官之一的沃伦·伯格(Warren Burger),他在成功处理多种案件之后,从实践的角度针对监狱政策提出了一些改革方案,其核心内容是在监狱内开办一些工厂来帮助犯人们获得技能,同时也增加一些收入。沃伦·伯格把这种工厂命名为“factories with walls”,其引申义就是监狱之内开办的工厂。这两个词语中的“wall”和中国对“墙”的衍生内涵很一致。另外,在英语俚语中,“go over the wall”不能从字面意思去理解为“翻墙”,实际是指罪犯的“越狱脱逃”。由于“wall”常被用于描述监狱的词汇和习语中,因此,在法律语境中,“wall”还具有“关押”或“囚禁”等另外一些语境性语用语义,甚至在一些语境下,“wall”本来是名词,也可以改变词性,作为动词使用。例如:Let’s wall the prisoner in the castle.(咱们把这个犯人关在城堡里吧。)

与此类似的范例是英语“iron”和与其相对应的汉语中的“铁”。“iron”作为名词,是“铁,熨斗”的意思,作为动词意为“熨烫”。在法律英语词汇中,那些坚硬冰冷的刑具经常使用“铁”来作引申意义,频繁出现在法律词汇中。

---

① 王德春、王建华:《论双语国俗语义的差异模式》,载吴友富编:《国俗语义研究》,上海外语教育出版社 1999 年版,第 62 页。

② 宋雷:《法律词语空缺及翻译对策》,《西南民族大学学报》2006 年第 1 期。

在英汉互译的词汇中,“铁镣”“铁窗”“铁案”“铁证”等的使用和翻译就是很好的例证。这类词汇在不同的语种可以找到相应的对应词,例如:“iron house”“leg irons”“an iron bond person”等分别指的是“铁窗”,暗指监狱;“脚镣”或者“戴脚镣者”,隐喻指“犯人”。“iron maiden”不能翻译为“铁娘子,女强人”,其实际意义是指一种刑具,外形和女性的体型相似,是一种惩罚女犯人的酷刑工具。“flower”属于普通词汇,可译为“花”,汉语字典对其的解释是“种子植物的有性繁殖器官,由花瓣、花萼、花托、花蕊组成,有各种颜色,有的长得很鲜艳,有香味”。但是很多短语在一定的文化背景之下,逐渐具有其他含义。例如:“姊妹花”“花魁”“采花大盗”等。像“采花大盗”就是一个人工法律术语,专门指那些亵渎女子的男人。在此基础上,很多派生词也具有法律词汇的含义。“deflower”“defloration”都有“玷污处女”或“使女子失去童贞”的引申含义。①

在对英汉法律语用修辞的对比分析中,两者的差异更是显而易见的。这些反差不仅体现了不同法律语言的文体特点,也反映了某种法律文化中法律体系(体制)的典型特征。鉴于法律语言和文体特殊的社会功能和具体的实用价值,有学者将其定义为“法律翻译除了要求语言功能的对等以外,还应照顾到法律功能(legal function)的对等”。②所以研究法律术语翻译中的语用修辞差异并解决由此产生的困难就显得非常重要。对于译者而言,需要对原文本法律文化中具体的法律传统、社会制度、思维方式和民族心理有一定了解,以达到法律术语和语用修辞在语言中的融合。

在我国司法界,长期以来一直秉承着一个原则,那就是“坦白从宽,抗拒从严”。这个口号由来已久,表明司法机关对于案件处理和定案时的法律态度,也就是说,具体体现在案件审判和确定刑罚时的宽严程度。“stiff/harsh sentence”通常译者翻译为“严厉判决”,而实际上,地道的翻译应该是“tough sentence”。在具体的语境中,可以根据实际情况来翻译出符合语境的意思。例如:“Rapists, armed robbers and violent criminals are being given much tougher sentences, it was revealed yesterday.”“tough”在该句中的意思是“严厉的”,其反义词则是“宽容的,宽大”,英语释义可以选取词

① 陆谷孙主编:《英汉大词典》,上海译文出版社 1995 年版。

② 朱定初:《美国法律新词试译》,《中国翻译》2000 年第 4 期。

汇“soft”。如：

Last night lrvine Patrick, Tory MP for Sheffield Hallam, said he had written to the Lord Chancellor warning that soft sentences only encourage sex offences.

在法律英语中，用来表达“宽”和“严”的词汇很多，例如“severe” “lenient”等等。但是语境和语意的具体化在翻译中起到了至关重要的作用。

英语中各类词汇的修辞应用是研究者们一直以来关注的研究领域。表示颜色的词汇很多时候具有很明显的民族文化色彩和特点。不同地域和文化习俗对于词汇的使用和理解各不一样。法国人钟情于粉红色，但忌用墨绿色，因为在二战时期，纳粹军人服装就是墨绿色。而在中国文化里，红色是吉祥如意的颜色，在婚嫁喜事里都喜欢以红色来表达喜庆，有“红运、红榜、红包、大红灯笼”等。在英美国家的文化里，红色很容易与流血和殉难联系在一起，有时候甚至有邪恶和风流之意，例如在著名作家霍桑的小说《红字》里，女主人公受到严厉的惩罚，罪名是通奸罪（adultery），并且在其胸部文上红色的“A”。

在翻译英语法律的过程中，这种反差经常会出现。如：

Non tariff barriers take many forms; among them are the following, and red tape in processing imports.

这句话里的“red tape”意指商品进出口时的各类复杂的程序和手续，是非贸易壁垒的形式之一。如果看到“red flag”，则表示有危险或者潜在的风险，表示一种预警信号。如：“An awareness must exist of ‘red flags’, which could indicate the possibility of a corrupt payment”，句中“red flags”是一种预警信号（warning signs）。因此，在法律语言的英译中切记，中国生产的“红旗”轿车在翻译时不可以翻译成“red flag car”，首先不符合翻译的特点，其次也会引起很多歧义。

第二节　不同法系下语用修辞的文化错位

以法律文化的视角看，中国的语言体系与西方英美体系（common law）的差距较大，更加接近于大陆法系（continental law）。如果站在纯粹的语言角度，英汉两种不同的法律语言是没有互译性的，因为在词汇、句法、句子结构及文化背景及习俗方面存在着较大的差异。

不同国家和地区因为不同的文化传统和历史背景逐渐沉淀了一套具有共性并且能够通行的法律分支，形成一个群体共同遵守的法律传统，人们称之为“法系”。当前世界上主要存在两大法律体系，一个是大陆法系，另一个是英美法系。大陆法系是在罗马法律基础上演变发展而来的各国法律，也称为罗马法系。德国、法国、西班牙、葡萄牙、荷兰、日本、埃及、泰国、中美洲国家以及曾经属于殖民地的国家和地区都采用的是大陆法系。英美法系，是在英国法律基础上发展演变而来，主要是英国曾经的殖民地和实施殖民统治的地区，涉及印度、巴基斯坦、新加坡、新西兰以及中国香港等国家和地区。而在有些国家和地区两种法律体系兼而有之，如美国（路易斯安那）和加拿大（魁北克）。另有一些国家和地区采用的是双语立法、司法，中国的香港地区和加拿大的魁北克省即为如此，这对于中英翻译来讲，提供了非常便捷而宝贵的文化和语言对比分析资源。就中国而言，由于其法律体系一直受到日本、德国等国家大陆法系的影响，所以其法律体系表现出较为明显的大陆法系特点。在英汉法律翻译的过程中出现的差异有很大一部分是因为对两大法系差异的不同理解所造成，因为在大陆法系和英美法系两大法系之间，其差别不仅在法律结构、诉讼程序与法官权限方面，而且还体现在司法组织和法律渊源等方面。这些诸多差异最终体现在法律文化上。

不同法系会有其独特的法律条款，因此在法律语言翻译中有可能会造成概念或词汇的空白。如侵权法属于英美法系，而在大陆法系中就不存在这样的条文。大陆法系中存在的公法和私法在英美法系中则不存在。相同的法律语言符号在不同的法系中表达的概念也会不一样。英美法系中的“陪审员”是“juror”，而中国的（人民）陪审员则译为“judicial assessor”。“盗窃罪”在我国的法律中释义为“盗窃公私财物，数额较大或者多次盗窃的行为”，而在香港《盗窃罪条例》中，盗窃罪的定义是“不诚实地挪占属于另一人的财产，意图永久剥夺另一人财产”。另外，“监狱，牢狱”在词典中的翻译可以是“jail”，也可以是“prison”。但根据美国特拉华州立大学刑诉法教授詹姆斯·A.因卡迪（James A.Inciardi）对“jail”和“prison”的定义，两个词在英文中则有如下区分：“A jail is not a prison. Prisons are correctional institutions maintained by the federal and state governments for the confinement of convicted felons. Jails are facilities of local authority for the temporary detention of defendants awaiting trial or disposition on federal or state charges, and of convicted offenders sentenced to short-term imprisonment for minor crimes."①从这段描述里可以判断出"jail"和"prison"其实质含义是不同的。"prison"是关押那些已经过审判的犯罪较重的罪犯的改造场所,这些场所是联邦或州政府设立的。在汉语里相当于"监狱",而"jail"是针对那些犯罪较轻,而且处于未审判状态或者等待联邦法院或司法机构起诉的罪犯的临时关押场所,汉语中相当于"看守所"。因此,了解词汇的准确具体含义对于法律语言的翻译至关重要。

在法律文本翻译中,"corporation"和"company"都会翻译为"公司"。有人认为,"corporation"意指规模较大的正规公司,而"company"用得更为普遍。从严格意义上来讲,股份有限公司则应当译作"publicly limited company",缩略为"PLC",而很多译者将这个名称翻译为"limited liability company",缩略为"LTD."。从这两个例证来看,"公司"的概念应该是根据其对应语来分析界定。"company"的法律含义并不严格,根据韦氏法律词典的解释,美语中"company"在法律语境中的释义内涵很广泛,指多人共同拥有或经营的商业组织;社团或者公司法人。"corporation"的实质内容较为狭窄,包括营利性和非营利性的组织,营利性的公司叫作商业公司,其特点为独立法人、股东有限责任、所有权与管理权分离。美国的成文商业公司法可称之为"the law of corporations",而"company law"或者"company act"则是英国公司立法。从这个解释看来,在中国的司法程序上所称的公司,内涵其实不符合美国英语中对"company"或"corporation"的解释和含义。而等于美国法中的"business company as a legal person"或者"business corporation",或者英国法中的"business company"。"corporation"等同于美国法中的"business company as a legal person"或"business corporation",或英国法中的"business company"。而且这两个词汇也是多义词。因此,中国公司法上所称的公司,内涵大大窄于英语中的"company"或"corporation"。"corporation"除了表示"公司"外,还可以表示"法人";当表示"公司"时,相

① Inciardi, James A., *Criminal Justice*, 7e, Fort Worth: Harcourt Brace, 2002.

当于“business corporation”或“for-profit corporation”。“company”除表示“公司”外，还可表示不具备法人资格的“商行”。在澳大利亚英语中，“company”和“corporation”的使用没有区别。[①]两词在法律文本中的选择，要取决于语境。

部门法体系也可以叫作法律体系。法律体系是根据一定的结构和层次组织和结合起来，将现有的法律条款或内容形成一个统一的整体。正是因为如此，各国的法律体系在结构上和形成过程中就形成了自己的特色。换言之，各国的法律体系并不完全相同，而且根据各国的实际情况形成了自己国家独特的法律特色。而在法律语言翻译的过程中，正是因为各国法律体系之间存在的差异导致了法律词汇翻译的不对等，因此跨文化语境下寻找等位价值的术语就显得尤为重要。从符号学的角度，法律英语中同一个语言符号在不同的情境下会产生不同的含义。“dominion”在我国的法律中意思是“所有权”，在国际公法中，是“主权”的意思。“estoppel”主要用于合同的书写中，译为“不得反悔”，而在刑事诉讼法中译为“禁止翻供”。“起诉”在普通法中为“action”，而在衡平法中则为“suit”。因此，法律术语在不同部门法体系中一词多义。译者如果没有足够的辨析能力，给予正确的释义，就会造成读者理解时的歧义和障碍，同时也对法律语言的统一性造成混淆，法律语言本身的严肃性也受到削弱。译者在翻译法律语言时需要面对法律词义内涵的多元性与语言符号的相对有限性之间的矛盾，根据多方位因素判定具体的语境信息，确定某一词汇的确切含义。

第三节 英汉法律语言表达方式的语用负荷

西方语言表达的多元化和个性化使得法律英语翻译变得较为复杂和困难。在中国，案件名称的排列一般是原告前被告后的次序，而在西方国家，像加拿大的一些法院则恰好相反，次序是被告前原告后。如翻译加拿大最高法院判定的案例时需要加上注释，例如“Smith v. Jones”，应将其译为“琼斯诉史密斯案”，或按照中国习惯排列次序，不然对于中国文化背景的读者，

---

① 徐文彬：《文化视野下的法律术语翻译》，《法律与社会》2008 年第 8 期。

就会出现误导。美国各个州的高级法院多称作“Supreme Court”,但纽约州的“New York Supreme Court”只是该州的中级法院,其高级法院为“Court of Appeals of New York”。在此情况下,翻译的内容就需要加上相应的注释来辅助读者的理解。

不同国家和地区间的差异造成了对同一个法律术语理解的误差和偏离。《国际贸易术语解释规则》(International Rules for the Interpretation of Trade Terms)中,“FOB”是“free on board”的缩写,指“船上交货价”。“FOB”在美语中意指任何运输工具上的交货。具体程序是在“FOB”之后加“vessel”(船上交货价)以区别于“FOB warehouse”(仓库交货价)或“FOB train”(火车离岸价)等。巴西则有另外的释义,“FOB”等同于“FAS”(Free alongside ship),翻译成汉语是“船边交货”。美式英语中的“保证金”是“cover”,而英式英语中是“margin”。“installment”在美式英语中指“分期付款”,而英式英语中却常用“hire purchase”。“担保”一词在大陆法系中是“security”,在英美法系却是“guarantee”。又如码头交货价,英国和加拿大英语中是“ex quay”,而在美式英语中是“ex dock”。

关于各国日期的排列顺序,各国有各国的习惯。中国是按照年、月、日的方式排列,而美国是按照月、日、年的顺序,英国是按照日、月、年的排序方式。在法律英语的翻译中,译者可以从排序上判断出信函或者电报的来源,同时也要注意在翻译时按照目标语国家的惯例来排列。

第六章　法律语境下译者的文化使命

翻译是不同语境之间的有效转换沟通工具，翻译的最终目的，是建立本土文化与域外文化良好的沟通环境，以促进其物质、文化、经济的国际化发展以及社会的进步。翻译者所承担的责任，就是最大限度地展示原作品的艺术表现力和社会影响力，保持语言转换的完整性和形象化，并促进各民族之间的交流。而译者作为翻译活动的主体，在这一过程中有着举足轻重的作用。

第一节　译者角色定位的历史演进

通过翻译发展史可以看到，译者的角色定位并不是始终如一的。在漫长的翻译历史中译者经历了从隶属地位的隐身到逐渐彰显的过程，成为翻译研究发展史上的重要组成部分。

一、“文本意义”导向下的奴隶

在中国文化发展史中，有史可查的翻译记载可以追溯到周代。在《礼记·王制》中，清晰记载了当时政府所设置的翻译人员官衔，并对国家周边的不同语种按方位进行划分，翻译人员各司其职。在史料记载中，规模较大的翻译工作始于东汉，当时的翻译活动主要以佛经翻译为主，到了魏晋南北朝时期有了进一步发展。[①]影响力最大、知名度最高的翻译者为鸠摩罗什，其后还有唐代的高僧玄奘，这些都是中国翻译界的拓荒者。佛经的传播促

① 马祖毅：《中国翻译简史》，中国对外翻译出版公司 2004 年版，第 18 页。

使佛教文化在中国广泛兴起，从而产生了中华文化与异域文化的融会贯通，这一翻译经典，至今仍对现代人的价值观、人生观产生着重要影响。当时佛经翻译者具有较高的社会地位，受到公众尊重和推崇。但是在当时的社会环境下，不少翻译者仍然与传统文化中的士大夫阶层有着较大距离，例如唐代诗人刘禹锡就曾经在一首诗作中发表了对翻译者的看法，诗中言“勿谓翻译徒，不谓文雅雄”，可见翻译这一工作，在当时被视为难登大雅之堂的末技。

在明朝末年，不少西方著述开始进入中国，而中国的典籍也走出国门在异邦传播。这一阶段，就形成了国内翻译历史中的第二个里程碑。当时意大利天主教传道者利玛窦来到北京，被获准在京开设教堂。从此开始一直到清朝雍正时期，国外数十名传教士来到中国，从事基督教的传播工作。他们在翻译《圣经》的同时，也与当地的知识分子进行学术交流，翻译了很多科技典籍。这些翻译著作在国内的传播，为中国科技的发展起到了助推作用。在翻译外文书籍的同时，传教士还将中国典籍名作介绍到国外，对中外文化的交流融合起到了积极的促进作用。

在清朝末年至五四运动这一阶段，形成了西方文化与中国文化融合的第三次高潮，这也是现代翻译发展的原动力。在中国的文化发展史上，五四运动不但是新文化发展的起点，同时也是近代翻译发展的起始点。在此之前，国内的翻译已经形成了独立体系。在轰轰烈烈的新文化运动中，涌现了大批翻译学者，其中严复成为中国近代翻译的领军人物。严复是国内第一个对西方思想进行系统介绍的思想家，同时也是卓越的翻译家。在《天演论》这部翻译著作中，他推介了物竞天择的唯物理论，并激励国人推翻旧制度，进行民主革命。严复造诣深厚，在翻译中，他参照古代佛经的译作经验，结合自身翻译心得，提出翻译中的三个标准：信、达、雅。五四之后，国内的翻译工作更为活跃，翻译内容更加丰富多彩，不少欧美法俄等地的文化著作被引介到中国，其中最引人注目的是马列著作的传播。这一时期，国内的文坛巨匠及翻译大师通过翻译工作，将国外的优秀文化引进中国，开阔了国人视野，其中瞿秋白、鲁迅及后来的朱生豪等都是屈指可数的翻译先锋。尽管翻译事业发展迅速，但是这些翻译活动仅仅局限于个人行为，并没有得到当时政府的支持和保障。翻译家的社会待遇和经济待遇仍然不高，没有得到官方应有的重视。

新中国的诞生为翻译事业的发展带来了新契机，在物质文明和精神文明的双项建设中，中国翻译事业得到了前所未有的发展动力。新中国成立之初，西方国家对我国实行了科技的封锁，新中国亟须国际先进的科学技术作为支持动力，而只有苏联是当时中国主要的外文资料来源。在这一阶段，国内学者开始大量翻译俄文资料，并在政治经济和文化建设领域起到了重要的作用。“文革”期间，文化工作几近中断，翻译事业同样面临萎靡境况，翻译者的社会地位更是一落千丈，这一阶段的文化封锁，造成了很多译者在作品中不具署名、无稿酬、无版权的现象。①

改革开放后，随着国际交流的日益增加，翻译工作也呈现出空前繁荣的局面，翻译界涌现出不少优秀人才，这些专业人才为国家的经济建设和文化建设带来了极大的推动力，同时也为世界了解中国、中国走向世界提供了一条捷径。时至今日，在政治经济、文学艺术和对外贸易等领域，翻译家的成就有目共睹，为国家作出了杰出贡献。近年来，广大翻译研究者在总结前人经验的基础上，结合国际理论范例，建立了翻译学这一崭新的研究学科。翻译学横跨众多领域，重点研究翻译的学术规律和发展进程，为翻译人才的培养以及翻译软件的研发提供了必要的理论基础。同时，国内成立了中国翻译工作者协会和中科院翻译工作者协会。这些协会组织的成立，为规范和推动翻译事业起到了重要作用。不少翻译学专刊相继编辑发行，例如《中国翻译》《上海科技翻译》这些专业期刊，已经成为翻译成果的交流阵地。目前，在高等院校中，外语专业已经将翻译列为必修课，不少院校也设立了翻译硕博人才的培养机构，为高级翻译人才的培养奠定了基础，翻译事业的发展也在改革开放之后进入了繁荣发展的新时期。与以往相比，翻译工作者的社会地位和经济待遇已经有了明显提升，但是与其他行业的专业人才相比仍存在较大差距。

从上述翻译发展史的梳理中可以看到，翻译者的社会地位相对而言仍然较低，难以得到社会公众的认可。造成这种现象的主要原因，除了时政因素外，主要来自公众对翻译认知的片面性和误解。这里所指的政治原因，主要是政府对翻译工作的重视不够。从国内翻译历史来看，虽然在佛经翻译阶段，翻译者得到了一定的社会礼遇，并且有政府的大力支持，但是究其本

---

① 云霞：《中国翻译史上译者的社会地位》，《安徽文学》2008 年第 7 期。

质，社会和政府对翻译者的重视，极大部分来自对佛经的敬畏和尊崇。而中国近代翻译史中，翻译者的社会地位却非常有限，一方面，清政府当时提倡闭关锁国的外交政策，对外来文化极为排斥，所以当时的翻译工作形同虚设。另一方面，从翻译者自身而言，不少翻译工作者以取得功利为目的，在翻译中粗制滥造，对社会文化风气产生了不利影响，从而造成了公众对于翻译事业以及翻译工作的误解。除此之外，公众对于翻译工作的偏见，也是造成了翻译工作者社会地位始终偏低的原因之一。

在传统的翻译评论中，一向以忠实原文本为核心，对译者提出的基本要求就是忠于原文本。在全部还原作者本意的同时，还需保证译文与原文本之间的契合度。在此前提下，原作者具有绝对优势地位，译者只能无条件地服从原文本。这种绝对的依从关系使译者难以表达自己的思维和翻译见解。18 世纪翻译学者巴托指出：译者明显在翻译中处于从属位置，原作者占据主导地位，译者只能是其仆人，译者需要做到忠实于原作者语言风格和思想动态，不能在翻译中融入自己的思想和观点，不能利用自己的语言风格进行翻译，不能对作品有半点增删修改。①17 世纪英国诗人约翰·德莱顿更是提出了“译者为原作者的奴隶”之说。他指出，译者只能作为原文本的奴隶存在，如果原作者的作品是葡萄的话，那么译者就是葡萄酒酿造者，无论译者酿造的葡萄酒多么美味，其归属权永远是属于原作者的。②在很长一段时期内，译者曾被冠以“媒婆”“译匠”等称号，其地位不能与作者相提并论，译者的定位就是要“invisible”（隐形）和“faithful”（忠诚）。上述观点表达形式不同，但是突出体现了译者的文化地位和社会地位。这种不公正的学术待遇，造成了很长时期内译者的消极状态。

二、实现文化创造的主体

在翻译发展历史中，译者的主体性理论演进与西方的文化哲学观点变化密不可分。在翻译的早期阶段，哲学对其影响非常明显，尤其是哲学发展的前期影响更甚。从哲学层面而言，主体性体现是以人为基础的，在此基础上

① 陈大亮：《翻译研究——从主体性向主体间性转向》，《中国翻译》2005 年第 3 期。

② 谭载喜：《西方翻译简史》，商务印书馆 1991 年版，第 153 页。

进行了“人本”界定。在以人为主体的规律下，这种特性被视为人性。早期的翻译范围，一般是以宗教经典为核心的，尤其是西方对基督教圣经的翻译。基于公众对于宗教的敬畏和尊崇，圣经的内容被统治者视为神圣的，不容置疑的。大众对宗教的敬畏心理成为对圣经翻译者束缚的枷锁。在经典的翻译中，一味强调其文本意义，对于译者完全忽视，译者被视为传声筒，不具备自己的思维和见解，应无条件地忠实原文本，所以势必沦为原文本的奴隶。

在西方哲学研究中，有关个人主体性的探索是从笛卡尔开始的，他的著名命题“我思故我在”(I think, therefore I am)在当时以至后世产生了极大的影响，扭转了传统哲学重客体而轻主体的倾向，奠定了哲学的主体性原则。[①]笛卡尔提出的“我思”观点，对人本论进行了强调，确定了人的独立思维的决定性。一个具有主体思维的人，将是一个处于主宰地位、自由的个体。而语言作为一种表达工具，应当受到人的支配，用以表述人的思想情感。这一观点树立了语言与万物统和的观点。语言自身不具备任何独立价值，它只能实现一部分表象功能。在这样的理论指导下，原作者的位置被无止境提升，作者成为语言的本意参照。语言是作者表达思想、传播观点的工具，作者所书写的文字就是对其思想的真实记录。在这一基础上，原作者、文本意义、阅读被视为一体，这就使读者进行语境回溯，回到特定的文化语境中，以作者写作的眼光进行作品审视和阅读。不少人片面地认为，文本的真正意义就是原作者思想的再现，而翻译就是将这些思想进行原封不动的复述。所以，不少译者以原文本的原意再现为目标，为了构建起与原文本一致的译作，他们始终将信、达、雅、神似等奉为翻译的最高标准，并在业内传承。

20 世纪中叶，西方翻译界逐渐形成了多个流派，其中，结构主义就是影响力较大的一个流派。这一学派主张通过语言结构来确定文本意义，具有一定的客观性，对翻译作品的基本要求是忠于原文本，同时强调语言的对等。该观点认为：文本意义的发掘来源于语言结构的设定，作品所表达的意义不能以作者本身意图为主，语言作为表达符号与现实社会也不具备本质联系。这一观点确定了文本中心论观点，并被视为翻译的语言学。结构主义高度强调原语与译语的语言层面的“忠实”，无视语际转换中的文化差异

① 龙育群：《主体性原则之确立——评笛卡儿的“我思故我在”》，《海南大学学报》1989 年第 2 期。

和译者在翻译过程中的积极介入，否定了翻译过程中译者的思维、思想，从而严重抑制了译者的主体性。

进入20世纪80年代后，西方的翻译研究逐渐出现了文化转向，形成以译语为文化参照的文化学派翻译理论。这一观点的形成发展，不但有效拓展了翻译视野，同时也对译者主体性的研究提供了理论声援，在翻译理论研究中，逐步形成了从无到有、从理论到实践的观点积累，并不断完善成熟，这一研究体系的形成，完成了译者主体理论的过渡，逐渐确定了译者在翻译活动中的主体位置，从而使译者主体观点得到确立。

译者主体性的表现，主要以译者在译作过程中以原文本内容为前提，在翻译活动中保持其主观能动性，并将这一能动性渗透翻译全程。具体而言，其主体性的表现不但在翻译基本要求、翻译目的协商、翻译方式选择上，还有对原文本的理解和阐述、表达的方式等。

国内的翻译研究中，研究者的观点不尽相同。杨武能在他《阐释、接受与创造的循环》一文中指出“与其他文学活动一样，文学翻译的主体同样是人，也即作家、翻译家和读者”。[①]他将翻译的主体确定在平行的单个层面，即原作者、译者、读者。在这一观点支持下，翻译主体研究的范围就从译者扩展至三方。谢天振在《译介学》中也谈到了三者的关系，引介了译者在文学翻译中有着“创造性的叛逆”的观点，但翻译的主体性应同样包含原作者、译者和读者三方。[②]许钧在探讨译者主体归属问题时充分肯定了译者在发挥主体性的积极作用，但译者应被视为“狭义的翻译主体”，而原作者、译者和读者三方则构成了“广义的翻译主体”。[③]为体现现代翻译研究的新进展，翻译学术刊物《中国翻译》设置专栏进行翻译主体归属研究探讨，供译学界对这一问题争鸣。在这一学术论坛中研究者对译者主体性的界定、翻译主体的内涵等都进行了系统深刻的理论探讨，译者作为文化操作者的主体地位达到彰显，大大推进了对翻译主体性的研究。

同时，哲学与语言学的融合发展，使哲学研究出现了语言学转向。语言哲学有两大主要研究方向，即语言与世界的关系和语言的表达及意义。作为语言的使用者，人类最为关注的还是语言的表达和意义，同时也要与语言

① 杨武能：《阐释、接受与创造的循环》，《中国翻译》1987年第6期。

② 谢天振：《译介学》，上海外语教育出版社1999年版，第13—14页。

③ 许钧：《“创造性叛逆”和翻译主体性的确立》，《中国翻译》2003年第1期。

环境密切结合，从而使语言和人之间建立有机联系。从这一观点来看，语言已经不是文字表面的微观表达，而是与语言的宏观环境和真实社会相呼应。不少研究者发现，翻译不但是语言符号的转换。因为在很多文字中，潜藏着丰富的文化内涵以及社会背景，只有依靠译者的专业探索以及主观能动性的发挥，才能使原作者的意图得以更为形象地再现。

第二节 译者角色的变化分析

在传统的翻译观点中，原作者是文本意义的核心，而译者的地位“非奴即仆”，只能忠实于原作者的思想，应该无条件地忠实于原文本，不能具备自己的独立观点。20 世纪中叶的文本中心论，则是将文本视为翻译的中心，译文应当无条件地反映原文本意图，同时强调语言的对等。上述两个阶段的翻译研究观点，都将译者排除在主体之外，完全忽视了译者在翻译过程中的积极介入。直到 20 世纪 70 年代后，西方的翻译研究出现了明显变化，以文化转向为主导的观点引领了文化学派翻译理论。这不仅是对翻译理论研究的拓展，同时也将译者的文化身份和主体地位带入了人们的视野，逐渐弘扬了译者在翻译过程中的能动作用。翻译目的论的出现，为译者主体论提供了理论支持。而解构主义的提出，使译文与原文本之间的互补关系提上了研究日程。解构主义观点认为，译者有责任对原文本意义进行发掘，在翻译过程中，译者应当保持创造性，与原文本平等互补。所以翻译中译者的“叛逆性”同样成为译者角色的一个鲜明特征。随着译者主体研究的不断发展，原作者、译者以及读者之间也形成了相对平衡的研究体系，三者具有相互独立又彼此呼应的特点，这一模式又架构了“翻译的主体间性”这一理论视角，译者的身份在此有了重新定位，使翻译理论走向了三方平衡的互动局面。本章节以译者文化身份为核心，从译者的主体性、创造性以及翻译的主体间性几个方面，分析法律语言翻译中译者作为文化操作者的内涵及其表现。

一、解构主义框架下的译者角色

解构主义，又被视为“后结构主义”，始于 20 世纪 60 年代法国哲学思想，主要影响范围在哲学领域以及文学领域，其思想导向表现为对结构主义的否定和叛逆。结构主义对于翻译的诠释为：在原文本固定意义的基础上，译者应当对其进行准确把握，并将原文本的思想完整地表述在译作中。但是进入20世纪70年代后，这种观点受到了当时西方学术界的严重质疑，并产生了以消解性为特色的反叛观点。这一观点对结构主义的思想、概念进行了重新解构，所以又被学术界称为"解构主义"。解构主义观点认为，不能将原文本视为封闭而固定的系统。由于描述与分析之间存在较大差异，所以原文本的意义不会一成不变。语言意义是依靠语言环境以及上下段落的衔接而产生的。结构主义的命题和观点，为解构主义的发展提供了一定基础，后者以此为研究基础，并继续在翻译体系以及语言符号中作出重新诠释。正是由于原文本意义的不确定性，所以在翻译过程中，译者应当利用自身观点认识以及思想提炼，发掘出原文本的真实意义。法国哲学家德里达在结构主义观点上对翻译主体进行研究，他指出，在翻译中，解构主义具有重要意义，并提出"延异"概念。在这一概念中，他指出翻译的不确定性，表明翻译语言的不确定性和诠释理解的差异，翻译中的语言对等是不现实的，原文本只能作为意念的诠释，所以原文本与译作之间应当呈现互补关系。①解构主义观点进而认为，文本在翻译过程中已经具备了独立意义，所以立意本身应当由译作来决定，而原文本必须在译文基础上才得以生存，是译文为原文本提供了传播动力，扩大了原文本观点影响力，这一开创性的观点为翻译差异研究指出了新途径。

解构主义的提出和发展，已经引起了众多学者的重视，同时也引发了研究者对其合理性的怀疑。译者在原文本基础上对译作进行了意义解构，从而使原作意义的不确定性在翻译中找到了平衡点。解构主义观点提出，由于翻译与读者阅读之间还有一定的距离，所以原文本的意义具有不确定性，这些意义的发掘有赖于译者进行，因此对译者在翻译中的主导位置进行了确定，并将其提升到空前高度。该观点对于原作者的极力否定，使译者重新具备了无可估量的重要意义，作者不再是原文本的意义赋予者，不再具备绝对权威的创造性，译者则能够对原文进行自定义解构，继而形成形式与内容的主观结合，使翻译的内外因素得以协调统一，通过译者对原文本的重新解

---

① [法]德里达：《书写与差异》，张宁译，生活·读书·新知三联书店2001年版，第23页。

构，作品具有了一定的创作属性。

需要指出的是，解构不是对原文本的破坏，更不是无原则地对原文本进行否定。在这一观点中，译者不仅仅是原文本的第一读者，而且还是译文的作者，翻译者通过既定的翻译目的，将原文本进行翻译传达，使受众更容易在本土文化环境中达成对原文本的接受和理解。译者在翻译过程中，已经完成了自身对原文本的理解、诠释和传达，而译语读者所接收的，也是译者对原文本的再创作，这些都是以译者为主体的，体现的是译者对原文本的诠释意图。无论是以译者为主体还是以原文本为主体，都是在翻译过程中人格意识的二次提炼和表达。无论是从认识角度还是接受角度，这都体现出自我认知的重要性，在事物的认知过程中，都将不可避免地携带一定的主观色彩。同时由于文化背景以及社会环境的差异，要求译者与原作者保持同样的认知模式和表达方式是不现实的，两者之间无法画上等号。

解构主义观点的开放性和拓展性，在现代翻译领域造成了深刻影响，同时也促成了翻译多元化的发展趋势。

二、译者主体性位置分析

翻译一般经过三个范式过程，第一是原作者本体范式，第二是结构翻译范式，第三是读者本位范式。①不同范式结构证明了不同阶段翻译的侧重点和主体的变化，而这也正是翻译研究的热点问题。语言是心灵的表达，而文字就是语言表达的具体符号。文字是不具备活力的仆从，一旦被组织成语言后，才能具有思想和灵魂，才能起到表达作用。文字能够成为作者思想感情的忠实记录，使读者体会到作者的写作意图。因此，文字的含义能够直接体现作者的意愿，而翻译则是对原文的解构和二次创作。译者如果不能准确理解作者思想，不能清晰地在翻译中表现原作者的思想，或者对原作者的表现意图出现曲解，这就不属于对原文本忠实，更违背了翻译的基本原则。译文的完美境界是译者力求原文本意图的最大体现，而且能够排除自身的主观因素，力求与原作者的思想境界融为一体，并以原作者的写作背景和社

① 陈大亮：《翻译研究——从主体性向主体间性转向》，《中国翻译》2005 年第 3 期。

会背景作为翻译基础。文本的意义在翻译之前就是已经被确定的，原作者是作品的唯一垄断者，主宰着对文本意义阐释的话语权。

随着语言学科学理论体系的发展，翻译学术研究也挣脱了以往经验主义的束缚，进入到在科学框架下规范探索的阶段，后称之为翻译科学派。其学派代表人物从雅各布森、卡特福德到奈达与威尔斯等都提出了“对等”概念，以对等作为语言共性的发掘点。奈达对于语法之间的转换关系作出了说明，他认为语言的结构内涵是连贯的、协调的、具有深刻含义的，奈达观点的后期发展主要以内涵和深层结构为重点。①

德国学者本杰明在《译者职责》一书中阐述了“纯语言”的翻译命题，这一观点是对传统翻译中“忠诚度”的一大挑战。②他认为语言与思想认识两者之间具有密切联系，并致力于发掘语言的“共源特性”。本杰明指出，由于语言与思维的关联性，句子和段落能够更为清晰地表达出语言的可译性，并以形象的比喻将二者进行了对比：如果将原文本视为一个圆，则译文就是切过圆弧的一条线。切线的作用不是破坏或者模仿这个圆，而是以这个圆的某一点，而且是重要的一个点上切入，然后向无限延伸。所以，翻译不再是局限于对原文本的模仿，而是具有了自己独立的路线，在某一个重要点位保留原文本的内在含义，而通过无限延伸的线，可以获得更多的翻译中的思想自由，这种设想中最引人注目的特点就如同圆与直线的相切点。由于这个点的不确定性，因而它可以在圆中不断变换位置，而每一个切点都是动态的、可改变的。这条线具有无限扩展的特点，而且超越于这个圆之上，因而这个切点正是语言中经过提炼的纯语言。本杰明对于“切点忠诚”这一限制做出了明确阐述，但是在此基础上要求译者对原作者的绝对服从是难以实现的。作为翻译科学派中的权威人物，奈达的观点也表明：无论是原文本还是译文，都能够在相互转换的过程中找到共同切点，同时也使得不同语境的读者同样体会到文本的深刻含义。通过文本的翻译互换，读者能够达到思想和情感的共鸣。在翻译语言学流派中，译者直接被视为语言转换的工具，而不具备主体性，过于强调语言的规律发掘。结构主义则将文本意义进行了固定，形成一个封闭体系。另一种观点则以文本中心为核心的理论研究，

① Nida, E.A. *Toward a Science of Translating*. Shanghai: Shanghai Foreign Language Education Press, 2003. p.39.

② 金敬红：《本杰明视角下译者地位的重构》，《东北大学学报》2011年第3期。

是翻译理论研究的另一范式。

对语言规律的强调，使翻译成为两种语言之间的单纯转换，这一观点造成了人本主体位置的改变，从而使译者和读者的位置逐渐下降。从结构这一观点出发，使作者主体论得以改变，并对译者的主体作用进行了否定。随着结构主义的发展，翻译逐渐突破了以原文本为核心的桎梏，从狭隘的文本互译升级到文字外围的社会文化因素，实现了语言文本与文化背景之间的联系。

20 世纪 80 年代以来，翻译学术的研究有了明显的方向变化，从原文本为主体到译文本位主体，从规定性到描写性，从翻译的过程到作品的呈现，从语言的发展到文化的融合。语言已经成为文化现象的折射，具有开放多元化的文化含义。翻译不再是纯粹的语言互换，更是异域文化的交流渗透。由于不同地域的文化差异，译者应当以自身的文化知识储备对异域文化进行了解和感知。由于翻译是两种语言之间的相互转换，所以，原作者的文化环境将被重新解构，翻译已经具备的新形式和新的文化要求，进入了崭新的发展阶段，在这一意义上，译者在赋予原文本新生命的同时，呈现在新的读者群面前的阅读感受和阅读方式也全然不同。原文本所表达的意义和意境，因此才能在不同时空得以延续，对原文本而言，愈多的翻译机会预示着其会获得愈为强大的生命力。

根据文化翻译学派的观点，翻译的功能是对原文本的再塑造，所有的创作都应当由译者来完成。解构派认为，解构主义在翻译学中的渗透，打破了翻译概念中的固化模式，对于译者的地位作出了重新界定，译者是译文的创作者，译作应当反映出译者的心声。但是也应当客观认识到，译者在翻译中的主体位置会受到一定外在因素的影响。首先，是原文本作者和译者之间的相互制约作用，原文本作为译者的工作对象，是客观实际存在的，其自身的独特性应当在翻译中有所体现。再者，译者不能脱离社会环境存在，所以，译者应当以原文本的文化背景为基础，同时也要受到自身文化背景的制约。由此可见，原作者、读者和译者之间会由于背景不同产生一定的冲突、矛盾，这些冲突不能纳入科学的框架进行判断，因为这些都是社会伦理、价值观念、行为习惯所造成。译者应当充分重视原文本所产生的背景环境，同时结合本土文化特点和社会背景，选择更为合理的翻译方式。在以译者为主体的翻译理论中，译者受到传统翻译限制较少，主观能动性被最大释放，所以往往会造成对原文本的过度诠释。

三、翻译主体的间性关系

从哲学的角度，主体间性(intersubjectivity)阐述了人与人、人与外界环境的交互关系，其中既有多元主体特点，又有多主体之间的平等特性，并且以主体共性形式表现。由主体性向主体间性的转变过程，已经成为哲学研究发展的新趋势。随着翻译研究中对译、作、读三者之间的关系的深入分析，翻译界也呈现出主体性向主体间性的发展趋势。

主体间性对上述三种关系进行了强化，并不以三者中的某一方作为核心主体。一方面，翻译过程是译者针对原文本的诠释和理解过程，在原文本中，作者的思想得到了充分体现，而译者在解读原作者思想意识的同时，会受到其制约，所以两者之间能够产生互动联系。另外，译者不但是原文本的再创作者，同时也是原文本的读者。翻译作品的最终作用，是使目标语境的受众读者能够更为精准地把握原文本思想，所以译文应当考虑到读者的阅读接收方式和文化意识。译者通过语言的转换达成读者的理解和接受，读者以译者为桥梁，对原作者的思想感情重新理解，达成与原作者的思想沟通。译者所创作的译本，能够体现出译者对于阅读群体的定位。译者在成为原文本读者的同时，与普通读者有着本质的区别。一般读者在阅读过程中，可以以消遣或娱乐的方式进行，也可以认真分析或者一知半解。但是译者对于原文本只能客观地、以研究的方式认真地阅读。译者在阅读过程中带有明显的目的性，会以自身审视角度与原文本进行对接，对原文本中的不确定因素和空白位置进行解读和释义。经过译者带有主观认识的文本诠释，已经不可避免地带有译者的思想痕迹。因此，译者将成为原作者和读者之间的桥梁，三者之间达成和谐与平衡的状态，也就是主体间性的最佳表现。

四、创造性叛逆

在翻译中体现创造性已经成为翻译研究的一部分，“创造性叛逆”这一命题的提出为现代翻译开辟了更为崭新的途径。许钧介绍了中外学者对译者“创造性叛逆”这一概念的论述。[①]法国文论家埃斯卡皮在《社会学》一书中提出：翻译的叛逆性是在作品进入新的异域语境后体现出来的，由于该语境不可预期，所以对翻译的依赖性较高，因为翻译使作品以一种全新的形态呈现，形成了原文本的二次创作，所以在读者阅读中，又会形成崭新的思想交流，这些活动不但增加了原作的生命力，而且还赋予了作品全新的生命传播体系。埃斯卡皮提出的叛逆观点，不是局限于语言表层的叛逆，在他看来，翻译特质的体现是由语言转换的起始阶段形成的。在实际翻译中，一部作品进入全新语言环境，需与当地的语言体系相融合，但是这一体系的参照性是不确定的。需要强调的是，由于埃斯卡皮的语境参照体系是针对语言符号展开的，在不同的语言环境体系中，语言所表达的意义是不尽相同的，正是其中的差异性表现，为翻译中叛逆行为的合理性提供了基础。至于其中的创造性研究，埃斯卡皮则以作品的翻译创作和传播为研究重点，通过这两个维度，在读、译、著三者之间建立了有机联系。在翻译过程中，译者的主观意识会受到原著和原作者的限制，原文本是已经形成文字段落的成品，在思想、意义、表达方式上具有独立性。其次，翻译作品并不能孤立于社会环境存在，所以译者的主体意识必然会受到译语社会文化环境的限制和约束。译者不但要重视原文本的写作背景、传播环境等，同时也要与本土文化相结合，与译文的时代背景相结合。参照体系的变化，文化语境的变化，一部作品的意义所赖以生存条件的变化，其面貌必然发生变化，而译者的这一赋予原文本以新面貌的工作，无疑具有创造性。在不同文化环境和语言体系下，要找到原文本与译文之间的契合点，一旦作品的传播环境发生变化，那么作品的翻译形式也将会随之改变，而译者正是赋予作品变化的桥梁，所以其中的创造性是不容置疑的。谢天振在研究中指出：译作的创作和传播，本身带有叛逆特征，这种叛逆性使原作的生命得以延续。对此，贾植芳提出，叛逆性本身不仅在翻译活动中出现，而且在对域外文化的引进、文化之间的交融中同样存在，甚至在文化的发展传承中，也具有一定的影响力。[②]实际上，这些问题仍然属于广义翻译中牵涉的问题。

在上述理论基础上，许钧得出这样的结论：分析“读写译”三者之间的联

---

① 许钧：《“创造性叛逆”和翻译主体性的确立》，《中国翻译》2003 年第 1 期。

② 谢天振：《译介学》，上海外语教育出版社 1999 年版，第 2 页。

系，论证翻译中的主体归属，阐述翻译作品的真正价值，单一从语言的机械转换解读是片面的，还要注重文化背景和异域文化的融合方式。[①]只有解决了以上问题，才能够认识新环境下翻译的崭新意义。首先，原文本在进入新的异域语境后，原文本赖以生存的文化环境以及人文环境都产生了重大变化，原文本必然会产生形式变化，关键在于，原文本的变化有一部分是由于客观因素造成的，而有一部分则是由于译者的主观行为造成的。如果说翻译作品的形式变化是创造性体现的话，那么，译者若片面追求创造性而背离了原文本的思想价值，这种创新行为则是毫无意义的，所以原文本的表达应当得到充分重视。其次，翻译的叛逆性一般在语言转换环节出现，是较为狭义的发生过程。但是这一过程由原文本在转换与传播中形成，并在这一过程中产生作用。即使在相同语境中，作品被解读的方式也是多种多样的，也不可能将原作者的全部意图进行百分之百传递，因为在读者层面，在阅读的过程中已经完成了对作品的再创造，并按照自己的理解对作品进行定位。所以读者为本体的价值也得到了体现。创造性叛逆，已成为译者主体讨论和主体间性研究之后的又一理论视角。

第三节 法律语境下的“文化操作者”

沙尔切维奇(Sarcevic)在法律文字的翻译中，将翻译归纳到跨文化领域(cross-cultural event)，并将译者视为文化的操作者(cultural operator)。因为译者是文本的再创作者，所以在翻译时要注意语言环境和社会文化环境的因素(the elements constituting the sociocultural situation in which it is produced)，也就是法律文化，尤其是目标语功能及读者的接受程度。[②]法律术语一般都有特殊的使用环境，所针对的对象也是特定的，所以在翻译中翻译者要不断强化主观意识，以语言的主创功能为核心，在最大限度忠实于原作的基础上，把更为精准的译文呈现给读者。例如对专利法中“创造性”的翻译，英文一般翻译为“inventiveness”和“creativity”。从用词角度而言，

---

① 许钧：《“创造性叛逆”和翻译主体性的确立》，《中国翻译》2003 年第 1 期。

② Sarcevic, Susan. *New Approaches to Legal Translation*, The Hague, Kluwer Law International, 1997, p.91.

它们的语言诠释是对等的，但是在英文法律中，这样的用词是不规范的，而且会引起歧义。国内法律体系的形成，主要基于大陆法系的完善和引导，所以不少学者提倡当翻译“创造性”时，通常会选用“inventiveness”。比如说，在某些法律领域，当法官要对法律进行解释时，会选用“construction”。所以说，“construction of law”的含义不是“构建法律”，也不是“法治建设”，而是“法律解释”。在翻译“恶意”和“诚信”时，应该选用的词汇是“bad faith”和“good faith”，而不能按照字面意思去理解，直接将“诚信”翻译为“credit”或“honesty”。同样地，还有一些译者认为“continuance of a trial”的含义是“审判继续”，但该词的真正含义却是“审判延期”，意思是将当前正在进行的审判进程中止，另择他日继续。

由此可见，翻译者应当深入了解法律语境的特殊性，平时语法中用到的词汇，可能在法律文本翻译中被赋予了特定语义，作为“文化的操作者”，译者应特别关注其词语的语境。

一、传达立法意图

一般翻译理论在法律文本的翻译中，强调还原原文本意义。其中功能理论派的代表人物维梅尔认为，文本所体现出的意义在于其语境和周边因素的影响，他认为法律文本的意义是由特定的法律语言环境造成的。[①]但是在不同国家，法律体系存在着极大差异，在平行文本间语言的意义也会产生差异，因此法律文本的翻译应当在注重等效的同时(legal equivalence)，还要体现出相同的法律效力(legal effects)，但是这些仍然不是以译本受众为核心的翻译目标。法律文本翻译是否到位，应该由实践运用结果来判断，所以译者应当尽量使翻译文本在实际使用中不偏离原文本诠释，从而保障译本的独立性。因此，在翻译法律文本时，最终要达到的目的是“在保证译本统一解释和运用的前提下保留单一文本的唯一性”(preserve the unity of the single instrument by guaranteeing uniform interpretation and application)，最大限度还原立法意图。为了实现这一目的，译者应当创作出比平

① Vermeer, Has J. “*What Does It Mean to Translate?*”, Indian Journal of Applied Linguistics(1987a) 13(2):29.

行文本更具规范性的译本。

二、法律文本交际中译者的核心地位

在以往的翻译研究中，译者往往被视为孤立存在的个体，而忽略了译者同时也是原文本读者这一文本交际事实。海姆斯在翻译研究中提出“交际能力”概念后，译者的交际参与行为得到了极大重视。卡内尔对翻译者必须具备的能力进行了划分，主要有如下几种：语法能力、社会语言能力、话语能力和策略能力。[①]语法能力是指译者对于特定语言规律的掌握能力，也是在实践中准确传达文字含义和文字转换的基本能力。社会语言能力是指翻译者以社交需求为出发点，在确定交际目标和交际准则后进行语境选择的能力，译者应当准确判断自己的翻译目的是否与目标语语境相融合。话语能力则侧重于译者对原著的理解和感受，生成自然流畅的文本和话语的能力；策略能力指对潜在的语言交际漏洞进行弥补，使原文作者与译本读者之间实现交流的最大值。沙尔切维奇认为法律翻译区别其他的翻译在于其为“法律机制中的交际行为”(An act of communication in the mechanism of law)，同时交际的过程是存在于“两大组专家之间”(communication between specialists)，专家组主要指法律、法规的制定者，另一组专家则是指利用法律进行工作的人群，例如律师、法官等。在法律翻译中，其交际过程就是法律条文的制定者、文本翻译者、翻译文本、使用者这些因素相互制约的过程，在以译本受用者为核心(receiver-oriented)的翻译中，译本的创造者是翻译人员(text producer)，译者是进行文本语言转换策划的核心因素。其次，法律翻译不仅仅是语言之间的转换，更是法律的转换(a double operation consisting of both legal and interlingual transfer)。[②]法律转换(legal transfer)需要将原文本的法律条款转换为目标语的法律条款。在法律文本的语境转换中，不但要受到现实伦理的约束，同时还要受到法律条款的束缚。在法律翻译中，译者不仅要具备深厚的翻译功底，而且还要熟知法律翻

① Canale M. *On Some Dimensions of Language Proficiency*. J. W. Oller. Issues in Language Testing Research. Rowley, MA: Newbury Hourse, 1983. pp.333—342.

② Sarcevic, Susan. *New Approaches to Legal Translation*, The Hague, Kluwer Law International, 1997, p.88.

译的基本准则，同时还要遵循翻译界的职业操守。法律作为国家统治的工具，在术语的运用上也体现了国家的文化价值和道德观念，体现出国家的发展轨迹，同时也彰显了社会与经济的综合水平。中国的法律构架与欧美截然不同，它们都具有丰富的本土文化积淀和历史发展轨迹，所以在法律语言翻译过程中，法律不但是文本的翻译，更是法律文化的引介。比如说，在我国法律中，将"人权""民主""政策""外商投资法"依次翻译为"human rights" "democracy" "policy" "foreign investment law"，这些词语进行英译后，与原语境的内涵已经具备了明显的不同。又如，翻译"举证责任"时，不能用非法律词汇"responsibility of proof"，而应该翻译为"burden of proof"。因此在翻译中不但要掌握语境转换的准确性，还要符合法定用语的规范性，应当尽量采用赋予法定意义的词汇进行互译。

在法律文本的翻译过程中，虽然多数译者对译文的准确表达有很大把握，但是译文读者在阅读和理解中，仍会产生一些歧义甚至误解。在翻译的主体间性表述中，译者应当最大限度地为译本读者提供翻译原理并阐述翻译动机，在尊重原作者的同时，还要做到译文读者与原作者之间的意图调谐。而在法律文本的翻译中，这些特点的体现性应更为明显。在阐述各种社会行为与法律关系的同时，还要考虑到社会价值观与道德观的约束。

沙尔切维奇指出，译者应当在翻译过程中掌握积极参与的原则，并将这一观点作为翻译主张的支点。①在传统的翻译定位中，译者往往被视为处于被动位置的语言转换者，其积极性受到了极大抑制，尤其是在法律翻译中，译者的自由发挥往往会被视为蓄意歪曲原文意图，极有可能造成法律上的歧义和争议。随着翻译研究的不断深入，法律翻译的主体作用得到了强化，翻译活动更被视为跨文化活动。

译者是"文化的操作者"(cultural operator)。为了达到一定的翻译效果，译者(translator)的角色定位已经发生了明显变化，它首先是位于文本产生者和接受者(receiver)之间，被称之为"调解人"(mediator)，其次它又转变为"文本产生者"，拥有参与决策的权利，在某种情况下可以与立法人员共同参与起草法律(co-drafting)，成为译本的创作者，具有了更多的主动

---

① Sarcevic, Susan. *New Approaches to Legal Translation*, The Hague, Kluwer Law International, 1997, p.98.

权。在有效激发译者创作积极性的同时，强化了法律译本的沟通交际性。译者在翻译过程中，首先要传达原文本作者的权威性，同时还要保证译本的周边交际效果，例如在对法律强制性的传达、语言形式的严谨等。这些都是在翻译过程中译者应当掌握的基本原则。从表面而言，译者似乎受到了法律条文的束缚，其主观能动性受到了一定限制，但是深入分析就会看到，法律语言在翻译中还是具备一定灵活性，译者有一定的主动发挥空间。在翻译过程中，译者要针对两种不同语系的法律进行转换，要达到文本间的精准互译，必须发挥译者的创造性，在两种语言之间找到切入点，创造出更为新颖的表述方式。但其创新性并不是译者的随意行为，而是在翻译要求的前提下采取的必要技巧，在尊重原文本、传达原文本法律意图的同时所进行的必要创新。

在翻译的诸项原则中，译者占据主导位置，原则的实现都是在译者的操作基础上。法律文本译者在翻译中所面临的重点和难点，就是法律术语的应用区域和适用范畴的界定。所以在翻译过程中，要时刻把握语用原则，准确转达原文本的语用信息。例如，由于中国与欧美立法体系的不同，在词汇构成中也有很大差异(conceptual incongruence)，完全一致的词汇非常罕见。汉语中的“计划生育”“按劳分配”等都有其独特的社会内涵，在语际转换中并不能找到完全反映出与其政治历史背景内容相符的对应词。英语中“barrister”“mortgage”和“jury”在汉语中也缺乏相应的对等词汇，所以在翻译过程中更要发挥译者的创造性，采用直译或者新生词汇对此进行准确表达。

法律翻译旨在形成不同社会认知和不同文化语境下的交流，使之产生相互理解、相互借鉴的积极作用。译者只有熟知两种社会文化语境，才能在翻译中实现准确的语汇定位。在法律翻译中，译者是翻译的核心，对语境因素造成影响并产生结果。同时译者还要充分重视法律条文的隐身性，在语言表述上应当符合专业特征，使译本充分体现“法言法语”。为了达到这一要求，译者应当不断提升自身语言修养，发挥其主观能动性，在翻译中真实、准确地表达法律语言意图。为实现这一目标，译者须不断提高自身的社会认知及语用翻译能力，充分发挥其创造性，努力寻找目标语中合适的语言载体再现原语所体现的精神实质。

第七章　法律语言语际转换的文化指向

第一节　跨法系法言法语内涵辨析

通过上述分析可以看到，法律翻译是一种交际行为，不仅跨越不同的文化语言环境(cross cultural and cross linguistic)，同时也跨越了不同的法律体系(cross legal system)。[①]所以译者应当以不同视域下的文本性质进行定位。法律翻译对于原文本与译本之间的一致性有较高要求，从而实现法律功能的一致性，能够使法律条文的适用性和客观性得以体现。法律术语是法律文本翻译的基础部分，在使用中具有一定的特指性，其法律色彩明显。在建构主义的翻译学说中，其翻译准则有三点：文本客观性、传达的合理性、理解的普遍性，这些原则充分展现了法律文本翻译中的开放性和适用性。对于文化信息表述不充分的术语翻译，应当以建构主义为基础，在其合理性和接受性中找到切合点，所以在法律文本的翻译中，一是符合本土的用语习惯，二是要保障译本中原文本的功能表述不受影响，具有相同或者类似的法律效力。三是由于法律译文具有特殊的实用功能以及强制效力，在翻译过程中要准确把握用词的严谨性，以保障法律译文的严肃性不受破坏。依照建构主义翻译学的翻译标准在认知语境下进行法律语言翻译的文化信息重建可归纳以下几个重点：

一、内涵特性的体现

法律文本在术语内涵中有两方面体现，一是独立术语均有相对应的独

① Sarcevic, Susan. *New Approaches to Legal Translation*, The Hague, Kluwer Law International, 1997, p.56.

立法律概念，二是法律术语有其特定性，即在本土语言中这一词汇有多重含义，但是作为法律术语而言，它的特指性应当非常明显，所蕴含的意义只能是单一的、不可协调的，限于一个单一的法律特定概念。比如在《中华人民共和国著作权法》英文译本中，对于侵犯著作权中的“侵犯”进行翻译时就选用了多个版本，时而译为“infringe”（如第四十八条），时而译为“prejudice”（如第十二条）。然而，通过查阅不同类型的英文词典，可以总结得到“infringe”和“prejudice”的区别：两者都有侵犯的含义，但侵犯的主体存在差异，“infringe”偏向于“权利”，而“prejudice”偏向于“人、物和利益”。在牛津大学出版社出版的《现代高级英汉双解辞典》中，解释“infringe”时所列举的实例是：“infringe a rule(an oath, copyright, a patent)”。从这里就可以看到，“infringe”所搭配的对象是“权利”。同样地，也可以查阅到该词典中解释“prejudice”时所列举的实例，所侵害的对象是“the child's welfare”。从这里就可以得到，从表达“侵犯”这一层含义的角度看，“infringe”具有更强的针对性，所侵害的对象是知识产权意义上的“权利”，而“prejudice”可适用的对象不止局限于“权利”。这也就是说，从词义的角度看，两者是存在差别的，我们在使用的过程中要清楚地知道它们的特定性。同时也应该可以看到，在翻译的过程中一定要秉承严谨和准确，绝对不能随意选用意义相近的词汇来代替。

在汉英法律翻译中也存在这样的问题。“债务”一词可选用的单词有三个，分别是：“debt”“liability”“obligation”这就是说要仔细地区分这三个单词各自的内涵。对于“debt”而言，它强调的是与借款相关的债务，而“liability”则强调的是法律方面的“责任”，如“liability for tort”（侵权责任），但“obligation”所表达的内涵却更加宽泛和抽象。所以，在翻译法律文本的过程中，要充分理解汉语术语的内涵，从而选择出最匹配的英语术语。

同样道理，在翻译“原告”一词时，只能翻译为“plaintiff”，绝对不能以其他词替代。然而，在外语教学与研究出版社出版的《汉英词典》中，对于“原告”的翻译却选用了两个单词，分别是“prosecutor”和“plaintiff”，很明显，这样的翻译结果不能很好地将“原告”的法律内涵表达出来。因为对于“prosecutor”一词而言，它更多地表示的是整个国家的利益，通过行使国家公诉权来对罪犯进行指控，所以“prosecutor”一词更多的时候是刑事诉讼的背景下使用。所以，在翻译“prosecutor”一词时应该翻译为“公诉人”。

英汉法律翻译中所出现的歧义，在制度移植中表现更为明显。由于法律术语在翻译中的不规范，该术语所代表的制度或者适用范畴就会有差异。以《海商法》为例，这是中华人民共和国首部吸收英美法制度的立法。该法在英文译本，将“船舶优先权”误译为“priority”（原始术语为“maritime lien”），之所以会产生误译，是因为没有从单词本身的制度渊源这个角度去解析。对于“船舶优先权”正确的翻译方法应该是“maritime lien”，还是应该回归到原始术语之中。在同样一部译本中，对财产担保制度中的“lien”翻译为“留置权”，然而“lien”的真正内涵是“优先权”，这个概念要比“留置权”大很多。在法律体系的置换中，应当深度发掘原文本的法律内涵，在译文中充分体现其立法意图，只有准确转达法律概念界定的译文，才能使法律文本在转换过程中保持两种语境的协调性，并在实践中发挥其制度功能。①

某些法律术语，并不独属于法律体系。这些词汇具有多重意义，所以可以在普通文本中使用。但是这些词汇一旦运用到法律翻译中，就具备了特定的法律内涵，成为上文描述的人工法律术语。比如说，在汉语中“管辖”这个词有统辖、管理的含义，而统辖的含义就包含了对人的管理以及对区域、事务等范围的管理。因此，在英语含义中，“管辖”这个词就应该有“administer”和“have jurisdiction over”两个不同理解。在此处，就“管辖”这一词而言，在法律上理解就只能取“have jurisdiction over a case”或者“jurisdiction over a person”的意思，而不选取其他词义。再比如说，“告诉”在汉语中，有说给别人听、让别人知晓的意思，还有法律意义上受害人向法院告发的意思。与汉语对应，英语中也有这样两个译义，一是“tell”，二是“bring a lawsuit against sb”。当将“告诉”这个词运用到法律语境时，显然只能取第二个译义。所以在翻译汉语“不告不理”这个法律专用词时，就不能翻译成“if you don't tell, the court will not accept and hear the case”。同样道理，“过失”这个词在法律专业用语上应翻译成“negligence”，而不是“mistake”。

二、法律概念与非法律概念的区别

有些词的翻译在法律概念与非法律概念上有很大区别，比如“extenuating

① 黄琼，付玲：《法律英语翻译研究》，《九江职业技术学院学报》2003 年第 9 期。

circumstances"这个词,在有的英汉法律词典中就把它翻译成"减罪情况",但这没有体现其法律内涵。因为在法律上,只有减刑,并没有"减罪"一说。按照我国刑事诉讼相关法律用语,翻译成"减轻处罚情节"比较合适。又比如"reasonable person"或"reasonable man",有的英汉法律词典就翻译成"通情达理的人",这仅仅是从普通字面意义上的翻译,在法律语境中就不太合理,正确的释义应该是"理性人"。另如"wrongful act"在有的英汉法律词典中被译成"不当行为""错误行为",但是从法律上说应将其翻译为"违法行为",意思是违反了法律法规的行为,是要承担一定责任的。它存在于法律的范畴内,是一个法律概念,不是普通的是非概念。"remedy"在有的英汉法律词典中被翻译成"治疗",但在法律文本中该词没有法律内涵,它指的是法律规定中执行、保护权利的方法,或者是对受侵害权利的补救方法,把它翻译成"补救方法"比较恰当。补救方法具体而言,主要包括有支付损害赔偿金。另有一些类似的词例如强制令(injunction)、依约履行(specific performance)的裁定等。[①]

三、避免望文生义

由美国近代著名法官霍姆斯(O. W. Holmes)所著的《普通法》(The Common Law)中有句名言:"The life of law is not in logic but in experience"。[②]一直以来,句中的"logic"被翻译成狭义的"逻辑"的意思,其实在该句中,应翻译成"理论"的意思。因为在法律英语中,"logic"常表示为"theory(理论)",所以在法律文献中,常遇见的"in logic"应翻译成"在理论上",与此对应的是"in practice"(在实践中)。

由国务院法制办公室和法规译审和外事司联合编写的《中华人民共和国法律法规汉英对照词语手册》中,把"物证"译成了"material evidence"。在此处,物证中的"物"对应了英语单词"material",物证中的"证"对应了英语单词"evidence",这种对应看似正确,其实与要表达的意思相差甚远。因为根据《布莱克法律词典》中对"material evidence"的解释得出,"material

① 胡丹:《国内英汉法律词典中的若干译名问题浅析》,《中山大学学报论丛》2006年第9期。
② 高鸿钧:《英国法的主要特征》,《比较法研究》1991年第4期。

evidence"的意思实际是指"与案件的事实或结果存在逻辑关系的证据",既可以指证词,也可以指实物证据。所以,"material"在这里并不是指"物质",在法律范畴中实际指"实质性证据",这可以在香港洪士豪的《英汉法律辞典新编》中找到解释。与此相类似,在中国对外翻译出版公司出版的《英汉国际经济法律词汇》中,就把"material evidence"翻译成"实质上的证据,主要证据",比较合乎该词的意思。[①]由此可看出,将"物证"一词习惯性翻译成英语"material evidence"属望文生义,与此更为对应的英语法律术语应为"physical evidence" "real evidence"或者"demonstrative evidence"。又比如前文所述"final judgment"这一词如被翻译成"终审判决",貌似准确,其实不然。正确的译文应为"judgment of court of last resort"或者"judgment of last resort"。

《著作权法》中另有一例:

> 为了保护文学、艺术和科学作品作者的著作权,以及与著作有关的权益,鼓励有益于社会主义精神文明、物质文明建设的作品的创作和传播,促进社会主义文化和科学事业的发展和繁荣,根据宪法制定本法。
>
> This law is enacted in accordance with the constitution for the purpose of protecting the copyright of authors in their literary, artistic and scientific works and right s and interest s related to copyright of encouraging the creation and dissemination of works which would contribute to the building of an advance socialist culture and ideology and to socialist material development, and of promoting the development and flouring of socialist culture and science.

"邻接权"的含义就是"与著作权有关的权益",它实际上指的是创作者对作品所享有权利的称谓。"邻接权"相对应的英语词汇是"neighboring rights"。所以,如果只是单纯地从字面上去理解"rights and interests related to copyright"的含义是不正确的。另外,在我国法律中,"版权"和"著作权"的含义是相同的,但是在英语中两者却存在差别,"copyright"可译为"版权",但"作者权"必须翻译为"author's right"。所以,"作者的著作权"准确的翻

① 陈忠诚:《英汉法律用语正误辨析》,法律出版社 1998 年版,第 256 页。

译应该是“the author's right”。

英汉法律的翻译中,词不达意的情况也时有发生,这就要求译者在翻译中准确把握模糊词汇的含义,对其实质意义进行分析后再进行翻译。在此期间,译者应当以相似的英文法律术语或者本土语言的相关术语进行比较,以避免译文与原文本之间的意义发生冲突。比如,有的译者用“the third party”来翻译中文法律术语里的“第三者”。其实“the third party”是“第三人”,而非“第三者”之意。第三人在中国法律中被认为是原告和被告之外的、与案件有着直接关系的一方,是自动申请或者由司法机关追加的当事人。而对于第三者的概念则界定为在合法婚姻中介入并造成婚姻破坏、影响他人家庭的一方。第三者不分性别男女都具有成为这一身份的可能,对婚姻状况也不作出限制,已婚者、未婚者都可能是第三者。这些都是法律翻译中容易产生歧义的部分。

法律之庄严神圣,其重要体现之一就在于其语体的严谨性和语义的特定性。严谨的语体要用严谨精确的法律术语去体现。因此,我们在法律专业术语的解释中不能想当然地望文生义。

四、现实特征与区域特征的体现

在翻译过程中,语义的不对等现象很多是由于原文本语境的历史演变造成的。比如说对于“最高法院”的翻译就存在多个版本,首先不能直接翻译为“the Highest Court”,因为英语对于该词的翻译普遍是“the Supreme Court”,而唯有纽约州由于某些历史原因,“the Supreme Court”在纽约州并不是真正意义上的最高法院,这样的翻译仅仅只能适用于纽约州,而不能适用于其他地方。

随着法律体系的不断完善,在加拿大的法律文本中,“civil”一次由原来“平民的”或“民事的”意思,演变为“平民犯罪的”,而如今该词在加拿大《国防法》中的含义却是“一般刑事的”。

这样语义不断变化的方式让很多读者都无法理解,尤其是每次语义的变化都是颠覆性的,从而就导致了很多译者会把这三种含义混淆,从而把“civil prisoner”翻译为“民事犯”。事实上,“civil prison”和“civil court”是与“civil prisoner”相类似的术语。参照加拿大官方解释,“civil court”的含义不是"民事法院",而是颠覆性地成为了"一般刑事法院",即一种具有普通刑事管辖权、可对被告进行简易程序审判的法院(A court of ordinary criminal jurisdiction in Canada and includes a court of summary jurisdiction);同样,"civil prison"的含义成为了"普通监狱",指负责关押那些刑期在两年内罪犯的监狱。被关押在"普通监狱"中的罪犯就是"普通罪犯",对应的英文单词就是"civil prisoner"了。①

法律庄严而神圣不可朝令夕改,所以法律语言的演变相较其他语言演变明显缓慢。但是即使过程缓慢,也不能改变新法律词汇在与时俱进中不断出现,而这些词汇逐渐被吸纳为正式的法律术语。这些词汇在词典的历次修订中被不断收录。但是它们只是法律术语中的极少部分。一些法律术语例如"探视权""增值收益""精神损失"等,虽然早已成为公众接受的法律术语,但是由于多方原因,一直尚未在词典中收录,这些特征也显示了英语翻译中的时差现象。这些尚未收录在法律词典中的词汇,在外国法律词典中更是不见踪影,所以在法律文本的翻译过程中,其难度可以想象。在某一民族法律的专用术语中,不少都能够准确及时地反映这一民族的思想认知以及社会背景,具有非常明显的地域文化色彩,同时也具备了丰富的民族文化内涵。由于不同民族的法律体系不尽相同,所以在本土文化中被广泛认可的法律概念以及术语,在异邦文化环境中就有可能被质疑。例如在中国古老的礼教文化中,即有"天地君亲师"的礼教约束,这些道德规范几千年来已经成为中国文化的一部分,影响深远。在这种礼教思想的约束下,汉代出现了"首匿"制度,而在北魏,由于孝文化的发展传承,在立法中居然出现了被判死刑者"存留养亲"的规定。这些制度同样在外国的法律词典中不见踪影,其词汇翻译也是一片空白。而且,新中国建立以来,本着慎刑思想的思维,国家出台了"死缓"这一法律规定,这是中国独有的一种法律判决。在翻译这些具有独特指向的词汇时,是很难在异域全然不同的法律语境中找到相对应的词汇。这些词汇的产生,与当时的政治背景和法律文化背景有密切关系。毫无疑问,此类词汇的翻译难度较大。

---

① 宋雷、程汝康:《法律国俗语义差异及翻译》,《西南政法大学学报》2006 年第 6 期。

五、区分词语的类义性

英汉法律术语具有类义词特点。所谓类义词，是指在类别界定中具有相似意义的词汇。在同一概念体系中，这些词汇又各自代表不同的分支概念。在我国的刑法罪名界定中，有 10 个大类罪名，例如侵犯公民人身权利、民主权利罪，侵犯财产罪，妨害社会管理秩序罪等，这些罪名又被细分为具体的多种犯罪表现形式。由于真实犯罪具有非常明确的指向性，所以类罪名只能作为定罪参考，而不能成为其实际犯罪的界定。所以，在法律文本的翻译中，不能将罪名与类罪名相混淆，如果翻译中引起歧义，就会造成外国读者对中国量刑根据的误解。

第二节　法律词汇文化信息的重构策略

在翻译过程中，语际转换，语境融合及概念互动等，都能够体现不同语言环境下翻译的实质特点。翻译者应当深入体会不同语境下的社会环境以及法律背景，注重不同语言国家的思维模式以及价值取向，并对其进行认知整合、客观判断，进而使原作者、译者以及读者之间建立起相互理解的桥梁，实现翻译主体的三方互动。在英汉互译中，法律词汇的互译形式一般有以下几种：全部对应、部分对应、完全不对应、意义对应或词汇缺失等。针对上述的语境对应模式，可以采用意译、直译、创新词汇等方式进行不同内容的翻译活动，从而实现翻译语言的重构和创新，并进行客观、准确的转换。如果原文本与译文之间能实现完全对应，那么利用直译是最好的翻译方式，如果词汇不完全对应，则应以词汇替换方式进行翻译，在词汇缺失的情况下，则可以创造新词汇或释义完成翻译。

一、概念完全对应下的直译

中西文化尽管在风俗习惯、思维模式和法律背景中有很大差异，但是，在法律翻译中，不乏意义完全对应的词汇。词汇的对等性在如下法律语言的翻译中可见一斑:“subrogation”可翻译为“代位权”;“burglary”可翻译为“入室盗窃”;“robbery”可翻译为“抢劫”;“felon”可翻译为“重罪犯”;“manslaughter”可翻译为“非恶意杀人”;“malice”可翻译为“恶意”。类似词汇同样也可以在人工法律术语上得以体现,比如:“action”与“起诉”相对应;“cost”与“诉讼费用”相对应;“declaration”与“确认”相对应。

又如,《中华人民共和国合同法》第六十条:

> 当事人应当按照约定全面履行自己的义务。当事人应当遵循诚实信用原则,根据合同的性质、目的和交易习惯履行通知、协助、保密等义务。
>
> The parties shall fulfill their obligations as contracted. The parties shall observe their principles of notification, assistance and confidentiality in accordance of the nature and aims of the contract and the appropriate practices.

在这段原文中,“原则”被译为“principles”,“通知”被译为“notification”,“协助”被译为“assistance”,在翻译这三个词汇时不能选用日常用语,也就是说“rule, notice and help”这三个词汇不能使用。中国香港地区法律中的“因履行受挫而终止合约”对应的英文版本是“termination on frustration”,这样的翻译方式是因为中国香港地区法律文化语境中既涵盖了英文也涵盖了中文,所以它们之间能够形成较好的参照,进而就可以表示出同样的概念。

二、概念空缺下的直译

一些法律术语在中文中找不到对应词汇,译者应当在谨慎的基础上进行大胆的词汇创新,译出后这些词汇就会成为专用词汇,这项创新是具有开拓意义的。有学者认为,在法律文本翻译中最大的困难不是诠释法律专业用语,而是具有法律内涵的衍生词汇。①在词汇相对空缺的术语翻译中,利用直译法,能够更好表达原术语的真实含义,同时也使异域的崭新法律理念得以传播,对于国内法律术语的丰富起到了积极的推动作用。

---

① 郑成思:《我怎样走向知识产权研究之路》,《中华商标》2003年第1期。

比如说,"statutory rape"被翻译为"法定强奸罪",[①]表示的是"未经或经法定年龄以下的女性同意与其发生性接触的犯罪行为"。"statutory rape"曾一度被翻译为"奸污少女构成的强奸罪",这样的翻译看似简单明了,但却没能准确地表达出该词的全部内涵,也未能发挥出其应有的法律功能,主要存在两个方面的原因:首先,"法定年龄以下的女性"不仅仅指的是"少女",也可以是"幼女";其次,这里的"强奸"并非常规意义上的"强奸",在这里即使行为人获得了被害人的同意而实施行为,也按"强奸"论处。所以说,将"statutory rape"翻译为"法定强奸罪"既能够使人耳目一新,也可以充分地体现出法律的精确性和严谨性,能够充分发挥"原术语"的法律功能。

再比如说,将"family division"翻译为"家事庭",将"chancery division"翻译为"大法官法庭",将"queen's bench division"翻译为"王座法庭",这些词汇的翻译方式都是直译法。[②]在我国法律制度中,根本就没有"家事庭""大法官法庭""王座法庭"的概念。通过直译法不断创造的新词汇,也丰富了我国当前法律语言。另有将"negotiable certificate of deposits"翻译为"流通存款证明",将"share warrant"翻译为"认股证书",这样的翻译方式同样能起到上述的效果,因为在我国金融体系中,没有"票据"的概念。

所谓的"原文照抄翻译法",指的是在法律翻译中一般只限于专有名词以及因判例而产生的概念空缺下的直译,一般有"原文照抄翻译法"和"音译法"这两种。比如说,将"WTO"翻译为"世界贸易组织",将"NGO"翻译为"非官方组织",将"Buford abstention"翻译为"伯福德回避原则",将"Falconer error"翻译为"福尔科纳误判原则"等等。

此外,英美很多法律法规都是直接以法案提请人的名字来命名的,比如说:"Sherman Antitrust Act"(《谢尔曼反托拉斯法》),"Tim Cook ACT"(《提姆库克反性取向歧视法》)。另有法规是以受害人的名字来命名的,如"Megan's Law"(《梅根法》)。又如英国律师有"solicitor"和"barrister"之分,不论是将它翻译为"事务律师""初级律师""诉状律师",还是"出庭律师""大律师""辩护律师",都会出现一定程度的语义亏损问题,不能完全将其在

---

① 程逸群:《英汉—汉英双向法律辞典》,法律出版社 1985 年版,第 423 页。

② 戴拥军、张德让:《词汇空缺与英语法律术语的翻译》,《安徽理工大学学报》2004 年第 4 期。

原文本的法律体制下的内涵表达出来，所以出现了音译法——“巴律师”或“沙律师”。同样的情况也出现在汉译英的翻译中。以我国法律词汇“政法”的翻译为例，不论是将其翻译为“politics and law”还是“political science and law”，都无法完整地表示出其应有的含义，在这种背景下，有的学者就建议直接翻译为“zheng-fa”，将其作为我国独有的法律词汇而展现给全世界。①

三、形式与内容的兼顾

如果在翻译中遇到概念意义并非全部对应，在词汇对应上出现空缺，这样的情况下采用直译尽管直观，但可能会造成歧义，读者不能准确把握译文传达描述的效果，所以在直译的同时，也要加入相应的解释，这样才能在内容和形式上得到兼顾。例如在“alimony”的翻译中，通过直译这一单词被翻译为“抚养费”，这一解释会令读者感到无所依从，因为在汉语中，“抚养费”的解释有很多种。所以在法律文本的翻译中，应当在“抚养费”之前加以解释，即“司法机关判决生效的、在离婚或者分居过程中，一方付予另一方”的字样，这样读者就会有较为清晰的认识。再比如说，“deposition”指的是“双方当事人在审判前（pre-trial）互相询问对方或其证人作为采证（discovery）”，它属于英美诉讼法中的特有制度。该制度满足两个条件，一个是在审判前，另一个是在庭外进行，如果采用直译法将“deposition”翻译为“采证”或“录取证词”，都缺乏一定的准确性。陈忠诚认为应该将其翻译为“（庭外采取的）证词或供词的笔录”。②

在美国法律体系中，表示侵害他人名誉权的词汇有“slander”和“libel”，如果将其都翻译为“诽谤”，必然会在很大程度上误导读者。《布莱克法律词典》对这两个词汇分别作出了解释，对于“slander”的解释是“the speaking of base and defamatory words tending to prejudice another in his reputation, office, trade, business, or mean s of livelihood”，即“欲损害他人之名誉、职务、职业、业务或生计而说出之贬低或毁誉性言辞”；而对于“libel”

---

① 孙荣栋、满薇：《英汉法律翻译中的无等值物词汇及翻译对策》，《新余高专学报》2007 年第 12 期。

② 陈忠诚：《法苑译潭》，中国法制出版社 2000 年版，第 239 页。

的解释是“a method of defamation expressed by print, writing, pictures, or signs”,即“以印刷、文字、图画或符号等手段的一种毁损名誉的方式”。从这里我们就可以看到两者在“诽谤”时所采用的手段不一致,“slander”表示所采用的手段是“口头形式”,而“libel”表示所采用的手段是“文字或书面形式”。所以,可以将“slander”翻译成为“(口头)诽谤”,将“libel”翻译成为“(书面)诽谤”。

再比如说,在翻译“offering for sale”的过程中,我国学界也存在诸多争议,因此有多种翻译方式,包括“为销售而提供”“销售建议”“要约销售”“销售表示”等等。我国在修改专利法的时候,最终确定将其翻译为“许诺销售”。因此,在互译词汇空缺时,译者应当对原文本的含义进行推敲,在作出正确理解后,将其译为与前者不同的中性词汇,从而避免概念的混淆。在翻译过程中,译者要充分发挥创新精神,最大限度体现原文本中术语的意义,同时也要保障译本读者能够清晰辨别,易于接受。比如说,对于“the right of publicity”的翻译,有的学者将其翻译为“公开权”,但大部分学者都赞同将其翻译为“形象权”,之所以大部分学者都不认同“公开权”,是因为这样的翻译仅仅只是字面翻译,而且还容易与“信息公开权”产生混淆。在上面翻译“offering for sale”的例子中,它的字面意思就是愿意出售某种产品,如果仅仅只是按照字面意思来理解,既无法准确将其含义表达出来,也不符合中文的表述方式。所以,应该采用意译法,将其翻译为“许诺销售”。

四、解释性翻译

由于不同国家的文化差异以及法律制度差异,中外法律中很多特定术语在另一语境中找不到对应的词汇,所以不具备翻译中的对等性。因此,为了在读者中消除由于背景差异带来的文本解读歧义,针对某些不具备对应性的术语词汇,应当采用直译或者添加解释的方式进行翻译,如果上述方法仍达不到精准的表述,则应当采取解释翻译法。虽然这种翻译方式会造成原术语的表述受到影响,但是,对于读者深入了解异域语境下的法律概念有直接帮助,从而强化翻译文本的可读性并使其更为有效地传播。

在美国和英国普通法律制度中,有三个法律术语都是对不动产的规定,它们分别是“tenancy in common”“joint tenancy”“tenancy by entirety”。按照字面意思理解，这三个术语的意义大致相当，因为它们都含有“tenancy”这个单词，而且“common”“joint”和“entirety”这三者的含义也大致相当。对于那些对美国和英国不动产权利方面内容了解甚少的读者而言，必然会增加他们的理解难度，如果读者按照字面意思去理解，那么该词汇的意义肯定与文章整体意思不吻合。通过查阅法律词典可以知道，“tenancy”的真正含义并不是“租赁”，而指的是“二人以上对同一不动产（通常是土地）或动产（例如银行存款账户）同时拥有所有权”，也就是法律上所说的“共有”。结合美国和英国对于不动产所作出的规定，“tenancy in common”等同于大陆法系中德国和日本民法中的“分别共有”，“joint tenancy”等同于“共同共有”，而“tenancy by entirety”的使用范围仅仅只是夫妻之间，等同于“夫妻共有”。

再如，很多字典将“yellow dog contract”翻译为“黄狗合同”，很明显这样的翻译无法让读者满意，因为在汉语里根本无法理解“黄狗合同”。这不仅仅是因为我国的法律体系中不存在“黄狗合同”的概念，还有一个原因是因为无法从字面上去理解该词的含义。当然，也有一些词典采用了异类补偿释义这种方法，将“yellow dog contract”翻译为“不准（雇员）参加工会的合同”。

再以“deposition”和“discovery”这两词为例。对于“discovery”而言，在美国和英国法律体系中，表示的是在法庭正式开庭之前控辩双方的沟通和交流，从而得到相关证据的程序。在我国法律之中，没有这样的程序，自然也就没有这样的词语表达，只能将该词翻译为“发现程序”；而对于“deposition”而言，它一般指的是在法庭没有介入的情形下当事人在庭外所获得的证据，可以翻译为“庭外证词笔录”，在我国法律中也缺乏与该词相对应的表达形式。同样，“preliminary examination”（预审）一词很难有准确的翻译，译者在翻译过程中往往进一步解释。

五、词性变异性分析

法律术语所显示出的，是本国法系的独有概念，与本土民俗、文化、历史、经济息息相关。所以在不同的法系国度，法律术语的概念呈现多样性特点。关于法律术语在词性上的改变，是指在一般情况下，日常使用词汇和法律术语之间的不同之处，主要表现为词性的变化。在实际操作中，往往会形成表面形式对等而词性内涵不同的法律概念。比如,“proven”是由“prove”所转换而来的,而“not proven”则是“proven”的否定形式,在“not proven”一词中,“not”是副词,“proven”是过去分词,这是一个固定的结构,其功能等同于形容词,所表示的含义是“未证实的”。然而,当我们基于法律语言的角度去分析这个词组时,可以发现该词组在很多时候都被名词化了,在句中既可以充当主语也可以充当宾语,所表述的含义自然也发生了变化,变成了“证据不足”。根据《微软电子百科全书》(Encarta, 1993—2004)的定义,“not proven”的意思是“a verdict in Scottish courts as an alternative to guilty or not guilty but not enough evidence to prove it.”。因此可以看到,“not proven”实际上是起源于英格兰法律,是位于“有罪”“无罪”之间的第三种裁决,与“宣判无罪”的概念相当。在克林顿总统弹劾案中,美国参议员阿伦·斯佩克特(Arlen Specter)就使用了“not proven”一词,他的这种用法被称之为“unusual”,因为“not proven is not an available verdict under United States criminal or civil law”。之后,斯佩克特在谈及该案件的时候,总是用“acquittal”(宣判无罪)来代替“not proven ”。[①]再比如,法律上对于“渎职罪”的解释是“在客观方面的表现形式,大多数是作为,少数也可以是不作为”。按照这种解释,我们可以将“渎职罪”翻译为“not done”或“not doing”,但是这种翻译就会让读者觉得费解。这主要是因为在我国法律专业术语中,存在着“negative act”与“不作为”相对应。同样道理,我们也应该将“不作为犯”翻译为“negative offence”,将“不作为犯罪”翻译为“negative crime”。由此可见,词性的变异性也同样会在不同的文化语境下成为法律语言翻译的障碍和难题。

六、法律用语的一致性及规范性

在法律用语一致性的界定上,一般划分为两个层面:一是为了避免阅读误解,在相同概念中使用相同词汇,二是尊重惯译,保持既定译文的规范性。在文学著作中,术语的一致性表现(the principle of term consistency)不具有重要意义。相反,对于许多相同内涵的概念、统一类型的事物可以用不同

① 陈小全:《汉英法律语篇翻译中词语意义的界定》,《中国翻译》2006年第4期。

词汇进行表达,这样才能凸显文学作品语言的生动,使作品更具有可读性。但是在法律文本翻译中,对于词汇的丰富性和描述的生动性不是对文本考量的标准。法律文本的要求是严谨。准确、统一和规范。在翻译中,为了保持词汇和概念的统一性,应当在翻译文本中尽量保持其一致性,以避免在阅读和理解时产生歧义。即使在不同条文中反复使用的同一个词语,一经选定就必须前后统一。所以在法律文本的翻译中,应当严格遵循翻译一致性原则。如:

前款所指的支付是各种应纳税的款项,包括现金支付、汇款支付、转账支付和有价证券或实物支付时折算的金额。

The various kinds of taxable payments referred to in the proceeding paragraph include payments in cash, payments by remittance, payments through transfer accounts and payments in marketable securities or in kind, which are rendered into equivalent amount of money.

在这一段话中提到的"支付",它的对象是"应当纳税的款项",可选择的支付方式也包括多种:汇款支付、现金支付、以证券折算等等。"payments"一词多次出现在原文中,这就要求译者在翻译过程中对应词"支付"多次出现,两者出现的频率要趋于一致。所要达到的目的是为了"译名统一",绝对不能为了追求修辞效果而使用"disbursement"这个近义词。对于这两个词汇而言,虽然它们所表达的含义相近,但"payment"涵盖了"支付"和"缴纳"的含义,而"disbursement"则仅仅只有"支付"的含义。

又如某雇员起诉宝洁公司侵犯隐私权,宝洁公司答辩状中的一段:

……被告(宝洁公司)从未以任何方式向原告(雇员)施加精神压力。被告可以拿走原告的文档和他使用的电脑,这是公司的规章制度所规定的,其目的是防止公司的商业秘密被泄露。

... the defendant(P&G) never exerted any spiritual pressure in any form on the claimant. The defendant was free to take away all the plaintiff's files and the computer he had been using, strictly in accordance with the company's stipulations, and that such actions were aimed at preventing the company's trade secrets from being disclosed.

在这段译文中,使用了两个不同的词汇来表示"原告",首先是"claimant"

（索赔者，严格法律意义上讲该词的意义是“申诉人”）和“plaintiff”（原告），在翻译法律文件时这种情况是绝对不允许发生的，否则就会对读者造成一种误导，使得读者觉得存在两个不同的主体。

同样，在英文中“minor”和“infant”都能表示“未成年人”的意思，我们可以任意选用，但是当在同一个翻译材料中，只能使用一个，这就是说如果使用了“minor”，后面的翻译都要选用“minor”。

法律文书强调的是权威性和严谨性，所以必须要精确使用每一个词汇，避免多样化问题出现。在翻译词汇一致性的选择上，应当最大限度地避免相同法律词汇用不同法律术语表达，从而避免法律使用中的误解和歧义。所以，在翻译的过程中，一定要遵循“一致性”原则，同一份材料甚至是同类材料中都不能出现一词数译的问题。当然，在某些特殊的情况下，为了避免歧义的出现，可以适当调整。

不妨再回顾一下上述的例句：

The various kinds of taxable payments referred to in the preceding paragraph include payments in cash, payments by remittance, payments through transfer accounts and payments in marketable securities or in kind, which are rendered into equivalent amount of money.

前款所指的支付是各种应纳税的款项，包括现金支付、汇款支付、转账支付和有价证券或实物支付时折算的金额。

在这一段话中我们分析过“payments”一词多次出现在原文中，译者在翻译中也几乎以同样的频率以“支付”一词重现原文本的词义。但是，在翻译最后一个“payments”时，为了更好地说明原文本的含义，将其翻译为了“……金额”。

所谓的译名同一律，指的是采用同一个法律思想或法律概念将同一个词汇表达出来，这样就可以在很大程度上提升译文的准确性，这也降低了被别人错误使用的概率。但在法律文本翻译的过程中，偶尔也会出现译词不一致的现象。视不同情形，这种不一致性会产生不同的效果。

比如说，在《民法通则》的英文译本之中，“法律规定”中“规定”一词，被翻译成了多个单词，包括：“stipulate”（Art.72），“specify”（Art.52），“prescribe”（Art.64），“require”（Art.65）以及“provide”等等。同样地，在《中华

人民共和国渔业法》英文译本中,“禁”分别被译成了“shall be forbidden”和“shall be prohibited ”。[①]上述的不同用词因为都表达了原文的意图,不会引起误解。

另例:[②]

> 我方自始至终与被告 DOC 公司或 CYD 有限公司没有发生接触或其他交易行为,也没有跟 DOC 或 CYD 或其他任何机构签订有关全球经济频道播放任何广告的协议,更没有授权 DOC 有限公司或 CYD 有限公司作为我方的广告代理人,因此与本案无关。
>
> This company has never had any contact or other dealings with either DOC Co. and CYD Co. Ltd. Neither have we entered into any advertisement broadcasting agreements in the world Economy Report program with either DOC Co. and CYD Co. Ltd., nor have we authorized either DOC Co. and CYD Co. Ltd. as our advertising agent. We therefore are not a relevant party in this case.

这段话中,在翻译“我方”时使用了三种表示方式,分别是:“This company” “we” “our”,很明显这样的翻译方式没有遵循译名同一律的原则,很容易就让读者误解。所以,有必要将这三种表达方式统一,统一为“This company”,从而保持译名的同一性。

在翻译中需尊重惯例,使翻译词汇保持规范性和统一性。某些英文法律专用词汇,尤其是沿用历史久远的术语,当其译本经过时间检验被公众所广泛认知时,就应当对其保持高度尊重,不要再进行“多余”的推陈出新,以免造成不必要的歧义和误解。比如说,一直以来我国译者都是将“common law”翻译为“普通法”,从而有效地与大陆法系相区别开来。然而,陈忠诚却持反对观点,他认为在翻译“common law”时应该结合上下文语境来翻译,可以翻译为“案例法”“习惯法”或“非制定法”等等。[③]实际上,将“common law”翻译为“普通法”并非是一种错误的翻译方式,而且也没有必要从上下文语境中对“common law”用其他译名替代。“common law”唯一的译名就是“普通法”。同样的情况还有“equity law”和“intellectual property”,它们都拥有唯

① 仲人、吴娟:《法律文字诺守译名同一性》,《中国翻译》1994 年第 5 期。

② 李斐南:《法律英语实务》,中山大学出版社 2005 年版,第 157 页。

③ 陈忠诚:《法窗译话》,中国对外翻译出版公司 1992 年版,第 160 页。

一的译名，分别是“衡平法”和“知识产权”。

法律术语的翻译并没有固定模式限制，在某些情况下，同样的法律术语具有既定的译法，但是这一常用译法不一定准确，甚至导致误解。所以法律术语的翻译的规范性应当进一步进行强化。相关研究机构应当不定期进行学术交流，以加强翻译工作中法律文本翻译的规范性。只有规范、科学的法律文本翻译，才能有效提升受众的理解和接受能力，也会同时扩大文本的传播性和交流性。如果翻译工作者在翻译过程中随心所欲，不尊重法律术语的严肃性，就会造成同一术语的不同版本，这些缺乏规范性的译本难以得到目标语读者的认可，也必将影响中国与他国间的沟通交流，阻碍中国国际化接轨的进程。

第八章　法律修辞的语用等值翻译

语用等值翻译是指从语用学的角度探讨翻译的实践问题，即运用语用学理论去解决翻译实践中的理解问题。在语用翻译中，其核心问题体现在语用的等效性。翻译者在转换原文意图的同时，还要使译文尽量地接近读者的阅读习惯，使翻译文本更具可读性。但是如何实现语用等效必然涉及翻译策略的选择问题。语用学以等效性为核心，在这样的条件下，翻译者应当对翻译文本读者的阅读背景作充分考虑，以达成原文本与译本之间的等效转换。而只有当译者以译语读者为取向，才能实现语用翻译目的。①

第一节　语用前提下的法律文本功能对等

法律语用学是从语言功能的角度对其法律语言文本进行综合分析，具体而言是根据讲述人与倾听者的立场，将人们使用法律语言的行为看成是受法律、社会环境和道德制约的行为，对法律语境中的特殊含义进行研究，重点诠释语境对文本翻译的影响，从而找到相应的语用规律和使用准则。法律语用学是研究法律语言运用及其规律的一门学科，隶属于一般语用学范畴。其实在某种情况下，人们很难清晰地划分语义学和语用学，一般来说法律语义学是研究法律词语的词典意义，进行的是一种静态的研究，比较独立。而法律语用学是研究特定法律语境中词语的含义与特点，进行的是一种动态研究（dynamic study）。两者若在特定的法律语境中，有很多类同性，主要区别就在于法律语义学侧重分析句子的认知意义，即意义不受语境影响。法律语用学侧重分析语言的行为意义，即意义要结合语境来理解。

---

① 何自然：《语用学与英语学习》，上海外语教育出版社1997年版，第186页。

简而言之，法律语义学表达的是法律词语的词典意义，法律语用学则更多研究法律词语在特定语境下的所指意义。在现实应用中，司法人员目前在证据、审判语言和犯罪俚语研究领域的研究多与法律语用学相关。①

不同的法律文化背景造成了不同语用前提的差异性，有关语用前提目前学术界有三个观点。第一种观点认为，沟通双方具备相同的知识背景，可以达成相互理解的认知关系，这一条件有利于对称前提的达成，促使双方的语言信息交流更为顺畅。第二种观点指语用前提是说话人对语言环境的一种设想，即说话人在表达想法时内心会对表达内容有一种设想，这种设想对于拥有同一文化背景的人来说，理解比较容易，而译者就要把这种潜在的内容表达出来。第三种观点指语用前提是实施语言行为所要的恰当条件。翻译文本时大多受其文化背景和语境的约束，只有对其文化背景和语境解释清楚，句子才能被人理解。

语境合适的语用前提是双方交际成功的关键因素，而在一般语用学的理论中，这种语境合适的语用前提都可以不同程度地运用到法律语言中，因为不管是法律英语或者是法律汉语，语言表达双方都要根据双方的语言能力而选择适当的语言符号进行交际。与此同时，两种法律语言在使用上还受到社会制度、政治观念以及意识形态等因素的影响。此外，语码转换与区域社会变体、功能变体以及不同语体的存在，都会对语言诠释方式产生影响。总而言之，法律语用学是专门分析法律语言与法律行为间关系的一门学问，在动态语言环境下，从社会环境、政治制度、逻辑思维、哲学等各个方面对其进行深入研究，这对我国的法律文化和语言学研究均有重要的现实意义，此现实意义体现在司法程序里中外法律语言的不同用语特征，也成为法律翻译中一个新的研究视角。

第二节　功能目的论框架下的语用等效翻译

语言结构的认知具有由浅到深、由表层到内涵、由抽象到具象的演进过程，这一动态的变化过程，构成了语言特有的因果体系。修辞作为语言发展

① 宋雷：《英汉对比法律语言学》，北京大学出版社 2010 年版，第 37 页。

中的重要环节,既涵盖了内容的修辞,同时也有对语境和语义的修辞,功能是修辞后的结果,是内容的总和。

实现译文文本功能的忠实性法则是语用等效翻译的基本要求,而译文的准确性是法律语言的核心。对于文本语境、语义的准确把握,能够使译者更为正确地理解术语的特殊指向。确定文本的类型,对译者翻译过程中翻译标准和翻译策略的选择有着重要影响,是保证文本的一致性和严肃性的前提。在功能论点中,对翻译文本的连贯性与忠实性提出了更高要求,这些都能够对高水平译作起到积极的作用。在翻译过程中,应当注意以下两个方面:首先,翻译文本应当保持良好的连贯性,使读者更易于理解,文本描述更完整。其次,忠实性则是指文本要在一定程度上还原原文,不能出现语义上的明显歧义,并实现语际连贯。法律语言属于专门用途语言,法律文本的实现完全依赖于法律语言,因此在应用时要侧重突出法律词汇的指称意义。在法律文本的翻译中,必须特别重视文本的一致性,尤其是在相同概念以及相同概念内涵的翻译中,要尽量避免不同语境下有可能造成的歧义。词汇已经确定,必须保持其一致性,这是法律文本翻译中的基本原则。可见,在法律语言表述呈现程式化特点的基础上,翻译法律语言更要尽可能地忠实于原文本,尽量从语句词汇的选择到法律条款的表述都再现原法律文件的含义。

翻译中体现原文本功能的一种常用策略是释义,意指超越语言的表面形式直接表达原文本的含义,在这种情况下往往舍弃了原语中的具体形象。在法律原文本具有明显的民族特色以及区域特征时,通过直译方式可能无法有效传递信息,或会使读者产生误解,如果加以注释又会使译文繁琐冗长,释义法就不失为一翻译良策。例如,翻译"yellow dog contract"和"cat out of bag"这两个法律词组时,按字面意思直译就是"黄狗合同"和"出袋的猫",显然无法在中国法律语境中达到交际目的,因为我们的法律文化中并不存在"黄狗合同"和"出袋的猫"这种概念。所以在释义法翻译中,"yellow dog contract"应被译为"员工禁止参与工会条约","cat out of bag"译为"已经泄漏的证据",这样的灵活归化翻译起到了释义的作用,也突出了原文本法律术语特定的指向和功能。又如"Crown Court",如果单纯从字面看,应当翻译为"皇家法院",但是实际正确的译法应为"高等刑事法庭"。另例"quiet possession",如果翻译直接按字面意思,将其译为"安静占有",就给读者带来理解上的困难,而且译出的意思也难与法律概念联系到一起。实际上，在法律语言翻译中，应当被译为“在使用中不受干扰”。又如“Power of Attorney”，看似应译为“律师的权力”，但正确的意思应该是“授权委托书”。这些字面意思与实际意义存在着巨大差异，是由于我国和英国分属不同的法律体系，法律文化和政治制度大不一样。若不深入了解英国的法律文化和制度，在翻译过程中就容易出现理解偏差，导致翻译出错。由此可见，在翻译特定的法律术语时，必须加强对原文本的法律文化和制度研究，不能拘泥于表面意思来直接翻译。利用释义法进行文本翻译，译者必须在对原语准确把握的前提下对词汇进行匹配，以避免在翻译中产生歧义。

在中华人民共和国法律发展过程中，同样也出现了许多带有中国特色的法律术语，这些法律术语体现了鲜明的时代特征。同时，在我国各种规章制度中都会频繁出现的一个词汇“挂职干部”，在英语中也没有合适的词汇与之对应，也只能选用释义的方式，将其翻译为“cadre serving in a lower level unit for a period while retaining his position in the previous unit”。显然，在缺乏对应词汇的情况下，释义是为实现源语语用功能对等翻译的一个可行之策。

在法律文本翻译中，应当先对段落以及语句的表达含义进行分析，然后再考虑修辞功能的形式重现的问题。在形式相同的情况下，寻求语义和语体的等值，都是文本翻译过程的重点，此翻译方法也叫作功能对等翻译。

现对《中日和平友好条约》的英文译本的行文特色进行分析：

The People's Republic of China and Japan, recalling with satisfaction that since the Government of China and the Government of Japan issued a Joint Statement in Peking on September 29, 1972, the friendly relations between the two Governments and the peoples of the two countries have developed greatly on a new basis, confirming that the above-mentioned Joint Statement constitutes the basis of the relations of peace and friendship between the two countries and that the principles enunciated there in should be strictly observed, confirming that the principles of the Charter of the United Nations should be fully respected, hoping to contribute to peace and stability in Asia and in the world, for the purpose of solidifying and developing the relations of peace and friendship between the two countries, have resolved to conclude a Treaty of Peace and Friendship and for that purpose have appointed as their Plenipotentiaries.

这是一个长句，共有 146 个单词，虽然是一个句子，但在逻辑上已经构成一个完整的段落。这个句子的主语在前端、谓语在后端，中间插入了五个分词从而形成了这段句子的主体部分。在主、谓语插入的五个分词长且多，有突出强调意义的作用，这就是由分词、不定式等构成的所谓复合成分，上述句子中，对于翻译中的“适量”(right amount)、“简约”(brief)原则把握不够，同时也影响了“最小量准则”(Maxim of Minimization)在内的所谓“数量原则”(Q-principle)，但实际上却体现了英文中法律语言在句式上的特点，是为了强调语气、突出表达的意思所设计的句子结构和营造的气势。中文原文如下：

中华人民共和国和日本国满意地回顾了自一九七二年九月二十九日中华人民共和国政府和日本国政府在北京发表联合声明以来，两国政府和两国人民之间的友好关系在新的基础上获得很大的发展；确认上述联合声明是两国间和平友好关系的基础，联合声明所表明的各项原则应予严格遵守；确认联合国宪章的原则应予充分尊重；希望对亚洲和世界的和平与安定作出贡献；为了巩固和发展两国间的和平友好关系；决定缔结和平友好条约，为此各自委派全权代表如下：

如果要表现语言的简约和精炼(brief and concise)，可以将“同类项”进行合并，这样我们就可以将多次出现“确认”(confirming)一词视为冗余，同时也可以对“希望……为了”(hoping ... for the purpose of)一词采用同样的处理方式，只保留一个即可。事实上，原文本和译文均保存了“冗余”的句子结构，用词也同样比较“冗余”。在翻译“交际意图”的过程中，不但要将其字面意义充分表达出来，同时也要将该词的弦外之音(particularized implicature)表达出来。①

纵观法律翻译研究的发展过程，可以发现有传统翻译理论的身影。不管是卡特福德的“语境对等”(situational equivalence)概念，还是奈达提出的“形式对等”(formal correspondence)理论，都将法律语言翻译看成一种

---

① 胡庚申，汪敬钦：《英文法律语言的“冗余”性表征及其汉译对策》，《中国科技翻译》2002 年第 8 期。

语际转换(interlingual transfer)的过程,即"用一种语言的文本替换另一种语言文本的过程"(a process of substituting a text in one language for a text in another),而译者的作用只是被动地再现原文。这种翻译理论不仅强调译文与原文本要在语言结构上寻求对应关系,还要在语法单位体系上有对应的关系,显然这种理论对法律语言的翻译并没有多大意义。因为该种理论忽略了原文本内容、语篇和语言的使用特点,刻意追求形式上的对应关系,最终导致原法律文本功能丧失。

功能翻译的研究,主要将关注点指向新的翻译语境,并将译作的传播与读者接受能力作为重点考虑因素,构建起翻译中跨国界传递文化的桥梁,同时,也强调了翻译者在这一过程中的影响作用。在以目的法则为方向的翻译过程中,译者能够通过连贯法则理清思路,对翻译文本类型进行区分,同时确定翻译的主体框架和翻译手法。而翻译的忠诚原则增加了译者的责任感。这些翻译原则、理论及翻译方法对于一些特定类型文本的翻译,如法律文本的翻译带来了很大的实用性,且具有深刻的指导意义。这在宏观角度上给译者明确了翻译中合理的理论结构。可以预见在今后的翻译领域,这些翻译原则、理论及方法肯定会得到完善和发展,在翻译实践中突出其重要作用。

第三节　语用交际论关照下的法律文本类型定位

根据语用学,话语表达的意义是交际者通过语境、文本功能、语言使用及效果而得以实现的。语用学研究所关注的焦点是解释某种语境下话语的意义,从而成功交际。翻译者应当将翻译视为语言交际的完整过程,翻译的最终目的是实现两种语言的交流,实现文本互译的等同效果,使译本读者获得与原文本读者相同的阅读体验。根据文本功能、语境和语言使用等角度对法律翻译进行研究,是一种语用翻译观。

功能语言学派雅科布逊(Jakobson)认为语言具备三大交际功能,分别是:表达功能、呼唤功能和信息功能。[1]纽马克基于此理论将文本也划分为

---

① Jakobson, Roman, *On Linguistic Aspects of Translation*, in: Lawrence Venuti. (ed.), *The Translation Studies Reader*, London & New York: Routledge, 2000, p.113.

三种，分别是：表达型文本、呼唤型文本和信息型文本。同时，他还将官方文告（authoritative statements）、自传文学（autobiography）、严肃性文学作品（serious imaginative literature）和私人书信（personal correspondence）这四类体裁的作品归纳到“表达型文本”之中。将“自然科学、科技、工商经济”（scientific，technological，commercial，industry，economic）方面的“读本、报告、文件、文书”（textbook，report，paper，article，memo，minutes）等纳入“信息型文本”；“通告（notices）、说明书（instructions）、公共宣传品（propaganda，publicity）、通俗作品（popularfiction）”等体裁则归于“呼唤型文本”。①

纽马克持有这样的观点，文本不同的交际功能决定了不同的翻译策略，也为翻译确立了不同的原则，这其中包括作者意图的再现、读者层次的划分等。文本类型不同，翻译方向不同，翻译策略也会随之改变。“表达型文本”是以作者为主体的类型，整体翻译应当围绕原文本作者思想意图进行，以语义翻译手法为主。对于“信息型文本”应当注重其真实性，而“呼唤型文本”，则要根据读者层次来处理译文修辞。无论是原文本作者还是译者，在翻译过程中均处于“隐身”状态，这种情况下文本信息或译文的可读性成为重点。这两种翻译手法的最大不同在于：前者对于文本格式较为注重，尤其是译本与原文本之间的形式形似度要求较高，而后者则注重读者的理解和反映，即信息传递的客体感受。

法律文本语言根据其使用特征归属于特殊文本类型，即“Language for Special Purpose”（简称 LSP），所以文本的交流、描述功能也具有一定的特殊性。经过语言学界的多年探讨，基本达成了这样的一个共识，即法律文本的主要功能，表现在其规范性和协调性，其次才是信息传递功能。根据法律文本描述功能，大概可分为三类：第一，规定性的文本（prescriptive）；第二，描述性（descriptive）和规定性类型相结合的文本；第三，描述性（descriptive）文本。第一种类型的法律文本主要是规定性的，这包括法律法规、合同、条约和公约等文本，这类法律文本的主要功能在于规定权利和义务。②第二种是第一和第三种法律文本类型的结合，包括诉讼、答辩状、案情摘要、投诉、

① Newmark，Peter. A Textbook of Translation，London：Prentice Hall，1988，pp.38—55.

② 彭红兵，张新红：《英汉法律翻译的语用原则》，《西南民族大学学报》2007 年第 2 期。

诉状等。第三种法律文本主要指法学教材、法学评论、论文等。法律语言旨在传达立法意图，因此规范性是法律文本最突出的功能，而法律翻译则是法律机制中的交际行为，是法律转换和语际转换的双重操作，要实现法律等效的交际目的，必然要在文化语用翻译观的框架下探讨其翻译策略。

一、体现法律语言文本特征的交际翻译

随着经济全球化格局的形成和中国在国际交流中地位的日益彰显，法律文本的翻译在中国政治、经济和文化等方面也发挥着举足轻重的作用。国际交往中存在多种语言，在国际法律以及国际条例的沟通认识中，翻译的作用至关重要，这是中国与外界沟通的主要媒介。法律文本的翻译具有特定的法律效力，如果理解不当或者执行不当，极易引起法律争端。由于人员、物资和资金的自由流动所引起的国际交流不断增长，法律的制约也介入于整个经济发展进程，法律翻译则以多种形式对我们产生影响。功能派翻译学者强调翻译应当以全局为着眼点，以局部特点为细节，进行整体翻译研究，这种观点在实际运用中具有较强的可操作性。体现语言功能等值前提下的文本交际功能，要侧重的仍是法律语言的文本特点。法律语言学家吉本斯(Gibbons)认为，“语言是法律的核心，如果没有语言，我们所知道的法律是不可想象的”。[①]法律语言是一种专门用途的语言，起草法律时须要有法律专业性，不得加入个人情感、个人评论等外界因素。翻译法律文本时须在用词、用句和篇幅结构方面体现出规范合理的特征。法律文本的程序化特质，在一定程度上显示翻译的严肃性，从而使法律更具约束力和强制力。法律文本的程式化并不是指单纯地罗列某些条款和概念，而是为避免出现用词歧义，侧重语内连贯。以下举例说明：

The fees which shall be paid when an application for a patent is filed with the Patent Office or when other procedures go through the Patent Office are as follows.

在向专利部门办理相关手续或申请专利过程中，要按要求缴纳以下费用。

---

① Gibbons, John. *Language and the Law*, New York: Longman Publishing, 1994, p.4.

在译文中，原文中的从句转换为主句，如果将从句直译，其翻译如下：向专利局办理相关手续需缴纳如下费用。这样的表达不足以表现出法律文本的规定性内涵，失去了语体的适应性（stylistic adaptability）。

又比如：

No person is liable on an instrument unless his signature appears thereon.

没有人签字未明确负责人的法律文件。

原译中使用"没有人"作句子的主语，与中文中法律语言习惯表达的句子结构和逻辑顺序不符合。

改译为：

在未经负责人签署的情况下，该法律文书不具备法律效力。

法定权益一般包括三大范畴：责任、义务、权利。法律逻辑则是以假设、求证、执行为框架的，在不同语种之间都有固定的结构和专用术语。比如，表达假定逻辑时，对不确定的对象作出规定汉语常用"的"字结构，而英语则常用连词"if、where、when、unless、provided that"以及"whoever、any+noun who/that、anyone who"等结构表示，掌握这样的结构，有助于翻译中"法言法语"风格的形成。[①]由此看出，在语用翻译过程中，要首先考虑法律英语的语境。原文的法律语境要在翻译中得到体现，才显示出语言信息等效的效果。这对译者的要求较高，翻译过程中需熟悉两种语言风格和语用特征。要首先分析原文本语用的特点，翻译时语用合成结束时，译文的信息方能达到等值的效果。

法律语言是以正式规范为特点，具有严肃性和权威性的"冷冻体"。翻译法律文本就要译文与原文本对等，正式、规范用语要一一对应。与文学作品的抒情和个性化不同，法律语言严谨正式，将法律文本翻译成英文时，也要用严谨正式的英文与之对应。

译例分析：

审核单位自收悉本规定第 9 条第 2 项文件当日起，应当在三个月内作出明确批复。审批机构如核准发现条件不充分，要在指定期限内要求其修改完善，否则不予批准。

---

① 张新红：《文本类型与法律翻译》，载《第二次全国多语翻译研讨会宣读论文》，2000 年。

Upon receipt of the documents stipulated in Article 9(2), the examination and approval authority shall, within three months, decide whether to approve or disapprove them. Should anything inappropriate be found in any of aforementioned documents, the examination and approval authority shall demand an amendment to it within a limited time. Without such amendment no approval shall be granted.

从英译文可见,首先是"upon"的用法,"upon"意思与"on"等同。但是"on"属于通用词汇,在各种问题中都有使用,而"upon"则多用于书面文体中,由于法律文本的严肃性和官方性,所以在法律文本中多采用"upon"。其次,是"inappropriate"的使用方式,在英文中,这一词汇表示"不恰当或不满意"的意思,英文中与之意思一样的词汇还有"unsuitable""improper"和"unfit",但是"inappropriate"与这三个相比,更严谨规范,符合翻译法律条文的要求。通过对"前述""aforementioned"翻译的分析可以得出,日常用语中,应当用"above mentioned"这一形式,但是在法律文本中,则应当采用"aforementioned"这一词汇形式。

维米尔(Vermeer)认为翻译具有"高度复杂性"(complex form of action),翻译行为也被视为"行动性理论",因而译者成为翻译过程中负责行动的决策者(responsible decision-maker)。①纽马克认为译者在翻译中要面对各种文化、社会规范等"相对立的因素"(opposing forces),因此在会使译者分析特定交际情景的语用因素时陷入困境。②在翻译中要实现语内连贯和语际连贯,不仅需要准确传递原文本的特定信息还需保持译本与原文本之间风格的一致,才可以避免使译文读者在本身的文化背景下产生误解与歧义,确保原文本的语用内涵。

现代翻译论的研究重点由原来的语码转换开始向文化转换转变,法律翻译被称为"跨文化事件"(cross-cultural event),而译者则被视为"文化的操作者"(cultural operator)。③因此,译者在翻译过程中考虑语言环境因素

---

① Vermeer, Has J. *What Does It Mean to Translate*? Indian Journal of Applied Linguistics. (1987a), 13(2):29.

② Newmark, Peter. *A Textbook of Translation*, London: Prentice Hall, 1988, p.5.

③ Sarcevic, Susan. *New Approaches to Legal Translation*, The Hague, Kluwer Law International, 1997, p.87.

的同时,更要兼顾文化背景以及语境因素。本书特指的语境文化是法律文化,强调法律功能和语境的传达。在法律翻译中,法律文本的适用性和权威性已经成为研究的主方向,所以应当在翻译中对语用因素进行重点研究。

按照法律翻译的地位与功能,可分为权威翻译和非权威翻译两种。若以交际为目的,主要向目标语读者介绍信息,增进对其他国家法律法规的了解,则该类译文在目标语环境中不具有法律效力,也就是说这类法律文本译文不被看成是目标语环境中的法律法规。因此,这种翻译具有非官方性质。另外一种则强调翻译的权威性,属于官方翻译范畴,主要应用于宪法、民法、物法、刑法、条约及公约等范畴,还有第二种规定性质的法律文本等翻译,可以用于司法阐释。具有权威性的翻译具备法律效力,并且不局限于特定语种中的法律效用。比如在 1997 年香港回归后,香港特区施行汉英双语法律语言制,所以在尊重历史的基础上,《基本法》有如下规定:香港特别行政区的行政机关、立法机关和司法机关,除使用中文外,还可使用英文。这一规定突出了中英文在当地立法中的权威性,所以在特定区域内,英文版本同样具备法律效应。

二、归化及异化——异质文化信息的保全

翻译理论家劳伦斯·韦努蒂持有这样的观点,从古至今出现的翻译策略可分为两大类,分别是异化翻译策略与归化翻译策略。①作为归化,是指在译本语言环境中采取一定的同化措施,以此来满足译本读者的阅读需求以及行为习惯。而异化,指的是突破目标语的语言规范来翻译,保留原文本国家中特有的民族文化色彩。异化是为最大限度的保留原文本风格,而不求迎合目标语主流价值规范。

在归化翻译中,目标语读者往往根据自身文化背景去理解译文信息,若译文的描述内容在读者的知识范围内,就可以被读者更好地理解。所以,译者在翻译过程中应该做好原文本与读者间沟通的桥梁的作用,尽量使原文的信息内容趋于接近目标语读者的理解范围,实现目标语读者与原文本以

---

① Venuti. Lawrence. *The Scandals of Translation. Towards an Ethics of Difference*. Routledge, 1998, 93(2):157—160.

及原作者之间良好的交际。由此可以看出，归化翻译策略是以目标语读者为关注点，因“信息型文本”和“呼唤型文本”所特有的“信息”和“呼唤”功能，所以传达信息内容和感化读者是这类文本的主要目标。

作为文化的载体，语言也是文化的一部分。每一个民族的语言都与其文化息息相关，脱离文化去研究语言无疑是缺乏依据的。译者在翻译过程中不仅需要克服语言的障碍，还需要跨越文化的鸿沟，因而对文化的取舍问题，也是译者所面临的困境。因为原文经常会出现许多带有鲜明民族特色的语言，比如运用比喻修辞时出现人名、地名和历史典籍，或是宗教、风俗习惯等，直译出来显得文笔繁冗。由于目标语读者常缺乏对异国文化背景的了解，抛开比喻的形象，对其进行意译，译文会更简洁明了。有史以来，语言文学作品中的词汇和句子结构总是打有文化的烙印，而出现在原语文化中某些概念和背景图式在目标语中并不存在，因此翻译中出现文化或是意义上的不对等现象是正常的。前文已述及，这些因素在翻译成目标语时会造成“词义空缺”，在此情况下就要采取同化翻译的策略，若译者再采用异化翻译策略，则不能向读者传达原文的信息。法律翻译若不考虑法律术语背后的文化因素，单纯从字面上进行理解翻译，会造成信息歧义引起误解。法律翻译是国际法律机制中的重要交际手段，译文不仅要具备语言功能的对等，同时在法律功能上也要对等。所谓法律层面的功能对等，是指译本要与原文本一样能够起到相同的法律效力。在文化层面对英汉法律语言间的差异进行研究，可以实现翻译法律文本时等值的语际转换。因此，法律翻译在大多数情形采取归化翻译策略，以尽可能减少由于“词义空缺”而引起的译文信息缺失。

以下为几例归化翻译的法律文化术语：①

“kangaroo court”在美国法律术语中被译为“私人法庭或非法法庭”，这种法庭不具备效力，属于违法组织。在十九世纪中叶，当时没有得到充分开发的美国西部地区尚未建立正规的法律体系，也就没有正规的法庭，为解决一些突发争端事件人们临时成立了这种“袋鼠法庭”。后来，“kangaroo court”用来特指私人法庭，后被延伸为“非法法庭”，发展沿用至今，成为“不公正判决”的代名词。

这里出现的“kangaroo”一词，显然对公正含有嘲笑意味。若要究其原

① Bryan A. Garner. *Black's Law Dictionary*, USA: West Group, 1999.

因,有一种解释为:该词汇具有明显讽刺意味,用袋鼠的"蹦跳行走"来比喻不规范的法庭设置,同时暗示其不理性、不规范的特点。因为当时私设的法庭并不正规,大部分存在着跳跃性的法律逻辑思维以及无视法定程序。

"bundle of sticks",是对私有财产保护的比喻,即每一根棒子都表示所占有的份额。

"corporate veil",直译"公司面纱"。而"the principle of piercing the corporate veil"则被直译为:刺破公司面纱原则,在翻译中又被译为"企业人格否认",主要为了约束企业滥用法人资格的行为。这项法规旨在保护债权人利益,保障社会公众利益不受侵害。在特定法律程序中,既成事实的企业违法行为应当受到法律裁决,尤其是针对管理层和决策层的立法,更应当进行严格规范的限制,以避免权力犯罪,从而体现法律的公正性和严肃性。

"Draconian Law",直译"德拉科的法律"。德拉科的翻译来源是一位雅典立法者,他是首部严苛立法的制定者和执行者,所以后世多以"Draconian Law"表示酷刑,而"a draconian legal code"则被翻译为严酷的法律条例。

在法律文本翻译时,归化翻译策略也适用于语篇层面,以使读者更易理解并接受。为了能够使法律工作者更好地解释和运用法律条文,译文必须保持原有的立法意图,达到良好的法律效果。这要求译者不仅熟悉法律条文的语用规则,还要了解翻译的语用规则,才能在翻译时有的放矢。例如在合同订立过程中,中外的文化差异体现比较明显。中国一直为礼仪之邦,所以国人在订立合同时为了平等对待、互相尊重,合同书上会出现"友好协商""认真讨论后""平等公开"等词汇。但在西方,他们只将合同视为双方表示合作的一种法律文书,认为其所规定的义务可由法院强制执行。合同的定制与礼仪没有直接关系。不难发现,国外的合同文本多是开门见山,直接进入主题,没有冗余部分。所以在把中文合同翻译成英文时,可以将这些代表汉语特定的文化礼节的词语省去,而不会对合同的实质内容产生影响。

在合同订立时,西方人为表示正式和庄重,习惯上用两个或者三个同义词来表达同一个意思,比如"this contract is made and entered into; the term is null and void; the employee further warrants, guarantees and covenants"等词语。对这类英文词语进行翻译时,基于归化翻译策略,根据中文的用语习惯,翻译其中一个词即可达意。将"made and entered into"译成"订立","null and void"译为"无效"。而"the employee further warrants, guarantees and covenants"也只需翻译为"雇员还保证",但如果完全根据原文本表达译为"雇员还担保、保证、立约、立约保证"反而影响在汉语语境下正常的信息传递。

在译本中利用归化策略,一般会根据译本语篇结构以及阅读方式的不同,对翻译文本进行调整,使之更符合汉语文本的阅读习惯。语篇层面上的归化策略通常通过改变语篇的语义结构或者惯用模式使译文符合汉语语篇的特点。下面的英文《世界版权公约》是采用汉语语篇的版面编排来翻译的:

The Contracting States,

Moved by the desire to ensure in all countries copyright protection of literary, scientific and artistic works,

Convinced that a system of copyright protection appropriate to all nations of the world and expressed in a universal convention, additional to, and without impairing intentional systems already in force, will ensure respect for the rights of the sciences and the arts.

Persuaded that such a universal copyright system will facilitate a wider dissemination of works of the human mind and increase international understanding,

Have resolved to revise the Universal Copyright Convention as signed at Geneva on 6 September 1952 (hereinafter called "the 1952 Convention"), and consequently,

Have agreed as follows ...

缔约各国,出于保证在所有国家给文学、科学和艺术作品以版权保护的愿望;确信适用于世界各国并以世界公约确定下来的、补充而无损于现行各种国际制度的版权保护制度,将保证对个人权利的尊重,并鼓励文学、科学和艺术的发展;相信这种世界版权保护制度将会促进人类精神产品更加广泛的传播和增进国际了解;决定修订1952年9月6日于日内瓦签订的《世界版权公约》(以下简称"1952年公约"),为此特协议如下:……①

① 张国宁,李军:《英汉法律翻译中的归化》,《滨州学院学报》2007年第8期。

归化翻译法侧重译文的交际作用，译文语句通畅，给读者在阅读上带来了方便，也会让读者体会出不同文化在语言表达中不谋而合的行文，在理解原文的基础上体会到译文的优美行文，并从中获得享受。同时，归化译文阅读起来语言比较贴近目标语生活，富有感染力，所以在翻译中备受推崇。但在各国漫长历史文化的积淀下，民族、国家历史和人们思维方式等各方面都形成了巨大的文化差异，在翻译过程中便充满了从内容到形式的冲突，二者不可兼得。归化翻译法在翻译时常常省去了原文本中大量的文化背景信息，剥夺了读者了解和鉴赏异质文化的机会，大大减损了翻译传递异域语言文化语用信息的媒介作用。

如前所述，法律文化内涵主要在法律术语上体现，法律术语具有法学含义。从法理学上说，法律术语是法的构成因子之一。法律特定的抽象思维、法律物态化理念，其核心部分均通过法律术语来进行表达。法律文本中大量的法律术语构成了法律文本的主要特点。由于法律文化、法律制度上的巨大差异，不同语言的法律术语出现的不对应性，正体现出其背后文化因素的差异，这也是法律语言翻译中文化差异的关键所在。归化翻译的解释性版本，可能会造成读者在理解中产生歧义。为保证原文本的完整信息，保证法律功能和法律效果的等值，异化翻译则提供了有效途径。

所谓“异化”翻译，指的是翻译过程中保留原文本的语言表述风格，注入新的表达方式。异化翻译法主要依托原语文化，在译文语言形式上尽可能原汁原味保留原语的表达方式中，还原原语中的文化信息，在语法和句式上也尽量与原文本一致，风格上不会发生冲突，以此来保留原文本的阅读体验。从异化翻译法的观点出发，翻译并不是创作，在翻译时应该追求忠实性原则。尽管采用异化的方式翻译出来的译文带有生疏感，与译文读者不免产生一种距离，但是在译文中，原文本的语言风格以及文学特点得以保留，这样才能实现译本读者对异域文化的探究和鉴赏，同时也使译本具有更为多元化的诠释手法，达成了与异域文化之间的融合与交流。

法律英语在翻译成中文时，对文化转换进行的异化处理，指的是在特定法律概念、法律体系和思维方式等法律文化语境下，认识国外法律术语与本国法律术语的差异，将译文读者带入国外法律文化的氛围中。法律术语的不同代表了法律文化的不同特点。即便是同属一个法系，也会有不同的法律文化术语。如英格兰和苏格兰同属一个国家，但法律术语间的差异仍然很大。主要原因是苏格兰受法国的大陆法系影响较深，所以在英国，即便在普遍适用于全国的法律中，也要将英格兰和苏格兰的法律术语区别开来。可见，同一国家的法律内部尚且如此，中西方法律术语间的差异分歧就更可想而知。

纵观整个历史进程，在英美法律体系占据强势地位的文化现状中，对法律术语进行翻译时采用归化翻译并不恰当，因为西方法律术语在中国的法律体系中并不存在，无法找到对应的译语。因此法律语言翻译中异化翻译大势所趋。在法律术语的互译中往往以西方法律为参照，重点向读者展示西方法律概念及文化。在实践中，这一趋势由来已久。自从甲午战败以后，许多心系天下的有志者“师夷长技以制夷”，他们提倡学习西学图强报国，其中包括学习西方法律思想、了解外国法律制度，从致力于“知西政”到研究西域的“法言法语”。[①]从此，西方的法律思想及法律理念便一直在我国法律实践中发挥着重大的作用。我国在不断向西方的法律理念学习、借鉴和交流的过程中，大量的国外法律术语也进入了汉语系统，将以前并不存在的新的表达方式及其附带的法律文化内涵也带入了中文语汇，例如专利(patent)，侵权行为(tort)、辩诉交易(plea bargaining)、对价(consideration)、对抗制(adversary system)等，已经成为当前法律文本中常用词汇，使得我国法律语言文化得到极大丰富，从这个角度上看，异化翻译功不可没。

再如：“tort”一词，在法律文本中表示“侵权行为”。但很少有人知道，“侵权行为”这个词是从国外借鉴来的“舶来品”。由于中国封建社会的思想文化禁锢，国人几乎没有“权利”的观念，所以这个民法概念在中国难以找到对应的本土语源，其随着近代西方法律文化传入中国。另如“anti-trust law”原为欧美法系中的固定术语，虽然在汉语翻译中没有相关对等词汇，但是，经过意译后确定为“反托拉斯法”，已经成为国内公众认知度较高的法律专用词汇。

法律体制和法律文化有诸多不同的差异，异化翻译作为有效的翻译手段，有助于保留文本表达方式和文化语用的特点。随着中国法律体系的逐步完善，英文法律术语在中文中的对等词汇也愈为丰富。例如，“fixed-term

① 王健：《沟通两个世界的法律意义：晚清西方法的输入与法律新词初探》，中国政法大学出版社2001年版，第100—114页。

imprisonment”译为“有期徒刑”，“habitual criminal”译为“惯犯”，“environmental criminology”直译为“环境刑法学”等。以下是几例体现鲜明源语文化语用特色的法律用语，其经过异化翻译处理后，逐渐成为我国法律文本中的词汇，被人们普遍接受。①

“blue sky laws”——蓝天法，实为股票买卖控制法，是指在美国，股份公司发行新股票，除要符合证券交易委员会制定的要求外，各州的地方政府同时制定的关于防止欺诈，保护投资者利益的一系列的法律。

“blue laws”——蓝色法规，原为北美殖民地时期的清教徒所订的法律，禁止在星期天跳舞、喝酒等，以后转用为有关个人行为的严格规定，如禁止公务员涉足酒家、舞厅、夜总会或出席宴会等等，最终发展为蓝法，指禁止在星期日从事商业交易的美国法律。

“fruit of the poisonous tree”——毒树之果，是美国刑事诉讼法上一个原则，意思是非经正常程序取得的证据不能采用。比如，某个人有犯罪嫌疑，但是用刑讯逼供的方式取得口供，即使取得的证据能够证明其犯罪，也不能采用。理由是，“有毒的树上结出的果子一定是有毒的”，体现了美国法律对程序公正的重视。

“lemon law”——柠檬法，是一种美国的消费者保护法，主要是为了保障汽车买主的权益。柠檬法的名称起源于美国经济学家乔治·阿克罗夫(George A. Akerlof)所发表的一篇经济学论文，因为这缘故，对于出厂后有瑕疵问题的汽车，通常也会称呼其为柠檬车(Lemon Car)或直接就称为柠檬。

随着全球法律文化交流的不断加深，各国的法律差距逐渐缩小，西方不同法系的术语也逐渐被中国人民所理解，所以一些术语的翻译由归化过渡到了异化，以体现术语的原汁原味。如“corporate veil”原译为“公司人格否认”，后也出现了“刺破公司面纱原则”的译法。“Draconian Law”在有些文本中也使用了异化翻译“德拉科的法律”。

异化翻译对法律术语的贡献功不可没。语言转换过程中的归化翻译法，以目标语读者为出发点和归结点，充分发挥译者的创造性，增强了可读性。使用归化翻译法对法律术语进行翻译，目的是尽量完整地传达外国法

---

① Bryan A. Garner. *Black's Law Dictionary*, USA: West Group, 1999.

律文化，使读者接收到的内容信息经过自身文化背景过滤、对比沉淀，最终重新定位视野。在中外法律文化概念的对比中，可以融入两种不同文化，尤其是法律文化的二次认知，这样才能真正实现法律文本翻译中的归化价值。只有灵活选择运用“异化”与“归化”的翻译策略，才能真正处理好两种语言的文化转换，将新鲜元素注入我国的法律文化之中，从而加强国际法律文化的交流，加速我国法律现代化的步伐。

结　语

法律语言是记录法律文化的载体，又是法律文化的表现形式，是法律文化的一部分。由于语言与民族、地域、历史、政治等因素之间具有深刻的内在联系，法律术语的产生离不开它所蕴含的法律文化。对法律语言翻译而言，在语言层面进行简单的“解码—重组”操作远远不能诠释文本背后的社会话语与异质概念内涵。本书从语言学框架探讨弥散于法律实践（包括立法、司法等）之中法律语言的文化因素，同时以认知语境翻译理论为基础结合建构主义翻译观和语用学理论需求翻译中的补偿策略。主要成果与结论如下：

第一，中外法律语言词汇差异主要存在于中西法律特定概念、法律体系、法制功能、法律制度、法律程序五大方面，对于法律语言翻译中所形成的法律术语词汇空缺的现象应重点在此框架下整合。

第二，法律语言中的不同语用修辞导致了翻译中的语用失误。法律文化是使用法律语言作为表达方式的群体所特有的背景。因此在人类法律发展历史进程中，难免在法律词汇语义中出现反映本民族法律文化特色的语用修辞。本研究从社会制度、文化语境、民族心理及思维方式的视角探讨法律语言的不同语用特征以梳理不同法律语境下的语用失误。

第三，针对英语法律术语翻译中的词汇空缺探求英汉法律词汇的文化填充。在翻译中避免望文生义，需体现原文内涵上的特定性并表现时际特征和地域特征，以再现原术语在汉语中相等或相似的法律功能。

第四，在翻译充满文化负荷的法律语用修辞时，应从原文本的信息、意义、语用功能、文化因素及审美形式等角度，给予原文本语用修辞文化补偿，以使译文的法律修辞能够超越语言的表面形式兼顾文化和语用内涵而实现功能对等，以实现语际间语言单位所含信息量的等值转换。

本书有其重要的学术意义及现实意义。从学术角度来看，无论是语言学还是法学的研究都肩负着传承和传播法律文化的使命。许多流传至今的历代优秀法律语言作品，包括有关法律语言认知和运用技术的著述都是对本民族优秀法律文化的记载与传承。从中国近代译入的法学著作《国际法》《各国律例》到现代跨越时空、跨越法律文化体系《唐律》的英译本无不体现出中西法系独特的法律文化产物和表现形式。随着中国社会的日益法制化并加入世界贸易组织，中外法律理论和实践层面的交流更是日趋广泛，只有从法律文化语用的视角下开展法律语言的翻译才能够使法律文化精髓得以保存、流传并得以在全世界范围内传播。

从政治层面来看，对法律语言文化内涵的关注促进在不同法系、不同社会制度及不同文化传统之间法律概念的沟通和理解。世界诸多国家拥有不同的法系，因此相同的语言符号可能会表示不同的概念。近阶段，我国在引介西方法律体系及法学思想的同时，也逐渐开始了对外传播中国法学思想和理论工作，本书可为扩大中国法学理论及现代化法制建设在国际的影响贡献一分力量。

从实践角度而言，对法律语言中文化因素的诠释可以有效地降低在不同的社会制度和法系下特定的法律术语误解以及由此在立法、行政执法和司法之间产生的障碍。随着对外合作的扩大和深入，国际间合作司法案件亦呈上升趋势。在执法过程中由于多元性法律文化背景所形成的不同法律制度以及同一法律术语所产生不同的法制功能及程序已是现阶段司法实践中迫在眉睫的问题。

从经济角度而言，对法律语言中文化因素的研究是对外开放经济发展的客观需要。随着中外投资贸易往来的频繁增加，对中国法律法规的深入了解必将是投资、经济往来的保障，因此法律法规的对外宣传和普及是语言工作者在中国现代化建设中所承担的重任。不能体现原文本文化语用内涵的法律法规译文势必会增加译入语读者对原语法律制度误读的可能性。

在经济全球化背景下，许多社会科学的研究重点均有所转移，而素有语言关怀传统的翻译理论领域也兴起了对文化因素的研究。虽然目前还不确定国内的翻译界是否实现了翻译的文化转向，但有一点是可以确定的——翻译活动不再局限于对语言、文本的转换，以及对翻译技巧的研究，而是拓宽到文化间的互动与交流。对法律语言翻译而言，在语言层面进行简单的“解码—重组”操作远远不能诠释文本背后的社会话语与异质概念内涵，从跨文化语际的视角来研究法律语言翻译,才能拓宽和深化法律语言翻译研究的维度。

以文化角度为切入点研究法律语言的翻译,对于法律语言的发展与形成具有重大影响。首先,语言是文化的重要组成因子,司法领域的语言学研究就理当属于文化研究,在这个层面上探讨法律文化语言学是合理的;其次,文化在法律活动中存在着重要影响,尤其对法律语言,是其重要影响因素之一。在不同的时代、不同的社会形态必然存在不同的法律制度,法律在不同文化背景下的多元性也表明了对法律文化诠释的必要性。但是对法律文化的研究,不是特定对每种法律制度去剖析其本质,而是在不同的法律制度之间建立沟通理解的通道。对法律语言翻译进行文化因素的研究,有助于我们从更高层面来认识法律语言及其翻译,并扩展学科领域,体现各个学科中的融会贯通,使语言工作者为促进不同法律文化的理解、交流和合作作出贡献。

参考文献

[1] Austin, J. L.. How to Do Things with Words. Oxford: Oxford University Press. 1962. p.133.

[2] Bachman, L. Fundamental Considerations in Language Testing. Oxford: Oxford University Press. 1990. p.87.

[3] Bryan A. Garner. Black's Law Dictionary, USA: West Group, 1999.

[4] Canale M. On Some Dimensions of Language Proficiency. J. W. Oller. Issues in Language Testing Research. Rowley, MA: Newbury Hourse, 1983. pp.33—42.

[5] Ch.Perelman. The Idea of Justice and the Problem of Argument. Routledge & University of Notre Dame Press, 1982.

[6] Firth, J. R. Speech. London: Ernest Benn. 1930.

[7] Firth, J. R. The Tongues of Men. London: Watts & Co. 1937.

[8] Gibbons, John. Language and the Law, New York: Longman Publishing, 1994.

[9] Gutt, Ersnst. August. Translation and Relevance: Cognition and Context. Oxford: Basil Blackwell. 1991. pp.22, 44.

[10] Inciardi, James A., Criminal Justice, 7e, Fort Worth: Harcourt Brace, 2002.

[11] Lado, Robert. Linguistics Across Cultures: Applied Linguistics for Language Teachers. University of Michigan Press. 1957.

[12] Levi, Judith N. and Anne Graffam Walker. Language in the Judicial Process. Contemporary Sociology, 20(6). 1991. p.926.

[13] Jakobson, Roman, On Linguistic Aspects of Translation, in:

Lawrence Venuti.(ed.), The Translation Studies Reader, London & New York: Routledge, 2000, p.113.

[14] Neubert, Albrecht & Gregory M. Shreve. Translation as Text. The Kent State University Press, 1992. p.17.

[15] Newmark, Peter. Approaches to Translation. Shanghai: Shanghai Foreign Language Education Press, 2001.

[16] Newmark, Peter. A Textbook of Translation, London: Prentice Hall, 1988, pp.38—55.

[17] Nida, E. A. Language, Culture and Translation. Shanghai: Shanghai Foreign Language Education Press, 2001.

[18] Nida, E. A. & C. R. Taber, The Theory and Practice of Translation. Leiden, the Netherlands: E. J. Brill, 1969.

[19] Nida, E.A. Toward a Science of Translating. Shanghai: Shanghai Foreign Language Education Press, 2003. p.39.

[20] Nida, E.A. Meaning Across Cultures. New York: Rodi's Press, 1981. p14.

[21] Nord, Christiane. Translation as a Purposeful Activity: Functionalist Approaches Explained. Manchester, 1997.

[22] Peter Goodrich. Legal Discourse. Macmillan Press. 1987.

[23] Peter Tiersma, Legal Language. Chicago: University of Chicago Press. 1999. p.3.

[24] Sarcevic, Susan. New Approaches to Legal Translation, The Hague, Kluwer Law International, 1997.

[25] Searle, J.R. Expression and Meaning: Studies in the Theory of Speech Acts. Cambridge: Cambridge University Press. 1985.

[26] Searle, John R., A Taxonomy of Illocutionary Acts, in: Günderson, K. (ed.), Language, Mind, and Knowledge, (Minneapolis Studies in the Philosophy of Science, vol.7), University of Minneapolis Press, 1975. p.344.

[27] Sperber, Dan and Deirdre Wilson. Relevance: Communication and Cognition, Oxford: Blackwell. 1986. pp.14—15.

[28] Susan Bassnett & Andre Lefevere. Constructing Cultures. Shanghai: Shanghai Foreign Language Education Press, 2001. pp. 123, 137—138.

[29] Venuti. Lawrence. The Scandals of Translation. Towards an Ethics of Difference. Routledge, 1998, 93(2), pp.157—160.

[30] Vermeer, Has J.What Does It Mean to Translate? Indian Journal of Applied Linguistics.(1987a), 13(2), pp.29.

[31] Verschueren, J. Understanding Pragmatics. Arnold, London. 1999.

[32] Wilss, Wolfram. The Science of Translation: Problems and Methods. Shanghai: Shanghai Foreign Language Education Press, 2001.

[33] [美]爱德华·萨丕尔:《语言论》,陆卓元译,商务印书馆 1985 年版。

[34] 常安、朱明新:《法学的语言学转向及其对我国法律语言学研究的方法论启示》,《琼州大学学报》2003 年第 3 期。

[35] 陈大亮:《翻译研究——从主体性向主体间性转向》,《中国翻译》2005 年第 3 期。

[36] 陈忠诚:《英汉法律用语正误辨析》,法律出版社 1998 年版。

[37] 陈忠诚:《法苑译潭》,中国法制出版社 2000 年版。

[38] 程汝康、熊得米:《法律语言翻译论》,《重庆大学学报》2004 年第 6 期。

[39] 程逸群:《英汉—汉英双向法律辞典》,法律出版社 1985 年版。

[40] 戴拥军、张德让:《词汇空缺与英语法律术语的翻译》,《安徽理工大学学报》2004 年第 4 期。

[41] [法]德里达:《书写与差异》,张宁译,生活·读书·新知三联书店 2001 年版。

[42] [法]笛卡尔:《方法谈》,《西方哲学原著选读》(上卷),商务印书馆 1981 年版。

[43] [英]弗斯:《1930 至 1955 年间语言学理论纲要》,载刘润清等编:《现代语言学名著选读》,测绘出版社 1988 年版。

[44] 高鸿钧:《英国法的主要特征》,《比较法研究》1991 年第 4 期。

[45] 郭建中:《翻译中的文化因素:异化与归化》,《外国语》1998 年第 2 期。

[46] 黄琼、付玲:《法律英语翻译研究》,《九江职业技术学院学报》2003 年第 9 期。

[47] 黄振定:《解构主义的翻译创造性与主体性》,《中国翻译》2005 年第 1 期。

[48] [美]H.W.埃尔曼:《比较法律文化/比较法学丛书》,贺卫方、高鸿钧译,生活·读书·新知三联书店 1990 年版。

[49] 何自然:《语用学与英语学习》,上海外语教育出版社 1997 年版。

[50] 胡丹:《国内英汉法律词典中的若干译名问题浅析》,《中山大学学报论丛》2006 年第 9 期。

[51] 金敬红:《本杰明视角下译者地位的重构》,《东北大学学报》2011 年第 3 期。

[52] 李葆春:《语用预设理论及其应用价值探微》,《吉林省教育学院学报》2009 年第 11 期。

[53] 李斐南:《法律英语实务》,中山大学出版社 2005 年版。

[54] 刘宓庆:《新编当代翻译理论》,中国对外翻译出版公司 2005 年版。

[55] 刘愫贞:《关于法律语言与法律文化的窥见》,载新浪博客网 http://blog.sina.com.cn/liusuzhenlaoshi。

[56] 刘愫贞:《中国法律语言的渊起》,载法律语言学研究网 http://www.flrchina.com/research/ch/001/ch025.htm。

[57] 吕俊:《结构·解构·建构——我国翻译研究的回顾与展望》,《中国翻译》2001 年第 11 期。

[58] 吕俊、侯向群:《翻译学——一个建构主义的视角》,上海外语教育出版社 2006 年版。

[59] 吕俊:《普通语用学的翻译观》,《外语与外语教学》2003 年第 7 期。

[60] 陆谷孙主编:《英汉大词典》,上海译文出版社 1995 年版。

[61] 卢玉卿:《语文学范式翻译研究的意义观——翻译理论的历时研究》,《外语与外语教学》2009 年第 3 期。

[62] 龙育群:《主体性原则之确立——评笛卡儿的“我思故我在”》,《海

南大学学报》1989 年第 2 期。

[63] [法]孟德斯鸠:《论法的精神》,张雁深译,商务印书馆 1982 年版。

[64] 马祖毅:《中国翻译简史》,中国对外翻译出版公司 2004 年版。

[65] [日]千叶正士:《法律多元》,强世功等译,中国政法大学出版社 1997 年版。

[66] 彭红兵、张新红:《英汉法律翻译的语用原则》,《西南民族大学学报》2007 年第 2 期。

[67] 潘庆云:《跨世纪的中国法律语言》,华东理工大学出版社 1997 年版。

[68] 戚雨村:《现代语言学的特点和发展趋势》,上海外语教育出版社 1997 年版。

[69] 沈达明:《国际金融法上的抵销权》,对外经济贸易大学出版社 1999 年版。

[70] 石劲松:《法言法语的变迁》,《人民日报》2003 年 1 月 15 日。

[71] 宋雷:《法律英语高级教程》,中国民主法制出版社 2001 年版。

[72] 宋雷:《法律词语空缺及翻译对策》,《西南民族大学学报》2006 年第 1 期。

[73] 宋雷、程汝康:《法律国俗语义差异及翻译》,《西南政法大学学报》2006 年第 6 期。

[74] 孙荣栋、满薇:《英汉法律翻译中的无等值物词汇及翻译对策》,《新余高专学报》2007 年第 12 期。

[75] 谭载喜:《西方翻译简史》,商务印书馆 1991 年版。

[76] 谭载喜:《新编奈达论翻译》,中国对外翻译出版公司 1999 年版。

[77] 肖云枢:《英汉法律术语的特点、词源及翻译》,《中国翻译》2001 年第 3 期。

[78] 谢天振:《翻译的理论建构与文化透视》,上海外语教育出版社 2000 年版。

[79] 谢天振:《译介学》,上海外语教育出版社 1999 年版。

[80] 许钧:《"创造性叛逆"和翻译主体性的确立》,《中国翻译》2003 年第 1 期。

[81] 徐文彬:《文化视野下的法律术语翻译》,《法律与社会》2008 年第 8 期。

[82] 徐运汉:《法律语言运用的有益探索——评〈法律语言运用学〉》,《法制日报》2004 年 3 月 18 日。

[83] 吴伟平:《语言与法律——司法领域的语言学研究》,上海外语教育出版社 2002 年版。

[84] 王德春、王建华:《论双语国俗语义的差异模式》,载吴友富编:《国俗语义研究》,上海外语教育出版社 1999 年版。

[85] 王健:《沟通两个世界的法律意义:晚清西方法的输入与法律新词初探》,中国政法大学出版社 2001 年版。

[86] 杨武能:《阐释、接受与创造的循环》,《中国翻译》1987 年第 6 期。

[87] [美]尤金・A.奈达:《语言文化与翻译》,严久生译,内蒙古大学出版社 2001 年版。

[88] 云霞:《中国翻译史上译者的社会地位》,《安徽文学》2008 年第 7 期。

[89] 张新红、何自然:《语用翻译:语用学理论在翻译中的应用》,《现代外语》2001 年第 3 期。

[90] 张新红:《文本类型与法律翻译》,载《第二次全国多语翻译研讨会宣读论文》,2000 年。

[91] 张国宁、李军:《英汉法律翻译中的归化》,《滨州学院学报》2007 年第 8 期。

[92] 章文君、程乐:《文化语境下的法律英语词汇翻译》,《杭州商学院学报》2004 年第 1 期。

[93] 曾尔恕:《外国法制史》,北京大学出版社 2003 年版。

[94] 郑成思:《我怎样走向知识产权研究之路》,《中华商标》2003 年第 1 期。

[95] 钟小强:《析法律英语的语言特点》,《无锡商业职业技术学院学报》2008 年第 8 期。

[96] 中国社会科学院语言研究室:《现代汉语词典》,商务印书馆 2012 年版。

[97] 仲人、吴娟:《法律文字诺守译名同一性》,《中国翻译》1994 年第 5 期。

[98] 朱定初:《美国法律新词试译》,《中国翻译》2000 年第 4 期。

图书在版编目(CIP)数据

法律语言翻译的文化指向/马莉著.—上海:上海人民出版社,2020
(棠树文丛)
ISBN 978-7-208-16583-0

Ⅰ.①法… Ⅱ.①马… Ⅲ.①法律语言学-翻译学
Ⅳ.①D90-055 ②H059

中国版本图书馆 CIP 数据核字(2020)第 126867 号

责任编辑 秦 堃 郑家豪
封面设计 一本好书·张鹏

棠树文丛
法律语言翻译的文化指向
马 莉 著

出　　版 上海人民出版社
(200001 上海福建中路 193 号)
发　　行 上海人民出版社发行中心
印　　刷 上海商务联西印刷有限公司
开　　本 720×1000 1/16
印　　张 8.75
插　　页 2
字　　数 131,000
版　　次 2020 年 8 月第 1 版
印　　次 2020 年 8 月第 1 次印刷
ISBN 978-7-208-16583-0/D·3626
定　　价 40.00 元